36266

LEIBNIZ
DESCARTES ET SPINOZA.

LEIBNIZ

DESCARTES ET SPINOZA

PAR

A. FOUCHER DE CAREIL

AVEC

UN RAPPORT

PAR M. V. COUSIN.

Réfutation inédite de Spinoza par Leibniz. — Nouveau commentaire à l'éthique et aux lettres de Spinoza, précédé de Mémoires à l'Académie des sciences morales et politiques sur les rapports du Spinozisme avec la philosophie de Leibniz et avec celle de Descartes.

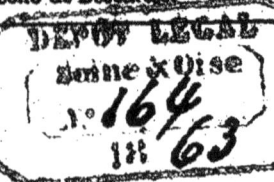

PARIS,
LIBRAIRIE PHILOSOPHIQUE DE LADRANGE
RUE SAINT-ANDRÉ-DES-ARTS, 41

—

1862

RAPPORT VERBAL

SUR UN OUVRAGE DE M. FOUCHER DE CAREIL,

INTITULÉ :

RÉFUTATION DE SPINOSA PAR LEIBNIZ,

Par M. VICTOR COUSIN.

Je suis chargé par M. le comte Foucher de Careil de présenter à l'Académie, et je dépose en son nom, sur le bureau, un ouvrage que M. Foucher vient de publier, et qui a pour titre : *Réfutation inédite de Spinosa par Leibnitz*. C'est un écrit découvert récemment à la bibliothèque de Hanovre et contenant une réfutation de la doctrine

---

(1) Extrait du compte rendu des séances et travaux de l'Académie, par Vergé (T. xxxviii, p. 159, A. 1854).

de Spinosa par l'auteur de la *Théodicée*. Nous savions que Leibnitz, fort occupé des intérêts de sa gloire et de l'originalité de sa philosophie, avait fait un examen critique de Spinosa, ainsi que de Descartes, de Locke et de ses contemporains les plus illustres. Raspe, au xviii° siècle, a publié les *Nouveaux essais sur l'entendement humain*, qui sont une réfutation complète et détaillée de l'*Essai* de Locke. Il y a dix ans, en 1844, M. Guhrauer a tiré de l'inépuisable bibliothèque leibnizienne de Hanover les *Animadversiones ad Cartesii principia philosophiæ*, où Leibnitz traite un peu superbement Descartes, ce qui a fort réjoui nos voisins d'outre-Rhin et nous a forcé d'examiner nous-même et de réduire à leur juste valeur les observations du philosophe allemand (*Journal des Savants* pour l'année 1850). Voici maintenant M. le comte Foucher de Careil qui nous donne une réfutation de Spinosa par Leibnitz. L'authenticité de cet écrit ne peut être un moment contestée. Il a été trouvé au milieu des papiers de Leibnitz; il est de son écriture si connue; et il y a fort peu de propositions qui déjà ne se trouvent dans ses divers ouvrages. A proprement parler, il n'y a presque rien de nouveau dans la *Réfutation inédite*, mais elle a l'avantage de réunir ce qui jusqu'ici était dispersé, et de former ce que Leibnitz luimême appellerait un *établissement*. Nous avions songé à rendre un compte plus étendu de ce nouvel écrit de Leibnitz, et particulièrement à rechercher s'il remonte à la source véritable du Spinosisme, je veux dire cette méthode qui, au lieu d'étudier les faits tels que l'observation les atteste dans la nature et dans l'humanité, s'élance d'abord à une conception prématurée et hypothétique du premier principe, et de cette conception déduit par le raisonnement, et à l'aide de définitions, de scolies et de corollaires, la nature et l'humanité. Nous aurions aimé à vous faire voir que cette méthode anticartésienne est ce qui a le plus égaré Spinosa, et de nos jours encore ramène et entretient le spinosisme. Nous nous sommes arrêté en apprenant que notre nouveau correspondant, M. Bartholmèss, se propose d'inaugurer son entrée parmi nous par un travail approfondi sur la publication de M. le comte Foucher de Careil. Nous cédons bien volontiers le pas à notre nouveau et savant confrère. Nous nous bornerons à dire que des deux erreurs intéressées qui depuis quelque temps circulaient dans le monde sur Leibnitz, après avoir nous-même détruit l'une, nous voyons avec satisfaction détruire l'autre de la façon la plus péremptoire. Du *Systema theologicum* mal entendu on avait tiré cette conjecture, que Leibnitz, sur la fin de sa vie, était devenu catholique. La vérité est que Leibnitz, comme tous les hommes éclairés, gémissait des divisions religieuses d'où était sortie la guerre de trente ans, que sa grande intelligence l'élevait au-dessus des préjugés des protestants, et qu'il aurait donné les mains à une conciliation aussi désirable que difficile. Nous avons trouvé à cette même bibliothèque de Hanovre, et nous avons publié d'abord dans le *Journal des Savants*, puis dans nos *Fragments de philosophie cartésienne* (1), une lettre de Leibnitz, autographe, signée et datée, adressée à Malebranche, où il se prononce contre le conseil de Trente avec une franchise ou plutôt une rudesse qu'à la réflexion il a

(1) Pag. 425.

lui-même condamnée, puisqu'il a biffé cette partie de sa lettre, qui pourtant est restée très-lisible, et met en une lumière parfaite ses derniers sentiments. Je dis ses derniers sentiments, car cette lettre est postérieure à la *Théodicée*, elle est du commencement de 1712, et précède seulement de quelques années la mort de Leibnitz. D'un autre côté, des personnes qui voient partout le panthéisme, ont voulu le trouver jusque dans Leibnitz, et prétendu que le penseur hollandais avait exercé une grande influence sur le penseur allemand. Cette influence a été précisément le contraire de ce qu'on imagine : ce sont les déplorables conséquences de la notion de substance, telle que la définit Spinosa, qui ont le plus contribué à mettre Leibnitz sur le chemin de la vérité, et à lui faire comprendre qu'il n'y a pas de substance pure de qualité, et que toute substance, qui n'est pas une abstraction, possède essentiellement des attributs réels, une force, une puissance, une énergie toujours prête à passer à l'acte et qui renferme en elle tous ses développements. Voilà ce que l'écrit nouvellement retrouvé met dans une lumière irrésistible, et après cela parler du spinosisme de Leibnitz nous semblerait impossible, s'il y avait quelque chose d'impossible à l'intérêt et à la passion.

Nous sommes heureux d'avoir pu donner à l'Académie deux bonnes nouvelles, celle d'un nouvel écrit d'un philosophe illustre, et celle aussi d'un jeune homme instruit et zélé, amateur éclairé de la philosophie de Leibnitz, et qui nous paraît appelé à accroître et à répandre la connaissance de cette grande philosophie. Il débute par un service qui nous en promet beaucoup d'autres.

Cousin.

PRÉFACE

DE LA SECONDE ÉDITION.

J'exprimais, il y a quatre ans, devant l'Académie, la pensée qu'après la *Réfutation inédite de Spinoza, par Leibniz*, que j'ai donnée en 1854, beaucoup restait encore à faire pour la solution de cette question si grave des rapports de Spinoza et de Leibniz : qu'en effet, j'avais depuis lors découvert à Hanovre de nouvelles liasses, contenant de nouveaux manuscrits de Leibniz, relatifs à Spinoza, à ses œuvres, à sa correspondance, et même à ses correspondants, manuscrits si nombreux et d'un tel intérêt qu'il y aurait moyen de faire avec eux, presque sans frais, une nouvelle édition de Spinoza, corrigé et réfuté par Leibniz, dont j'avais déjà arrêté le titre et le plan. Le titre eût été *Spinoza a Leibnizio emendatus*. Il était justifié par ma découverte, les notes de Leibniz étant à mes yeux le correctif obligé des textes de Spinoza, et comme l'antidote à côté du poison. Quant au plan, il était des plus simples : j'avais rapporté de Hanovre un volume de notes, d'extraits et de commentaires inédits de Leibniz, aux œuvres de Spinoza. C'était donc la valeur d'un volume Charpentier environ à ajouter au prix de l'excellente édition qu'a donnée M. Saisset. La dépense est petite, si l'on songe au prix inestimable d'un tel commentaire, signé d'un tel nom. Depuis Aristote, qui a commenté Platon, je ne sache pas un exemple plus précieux que celui de Leibniz, annotant Spinoza. Le mode d'exécution n'était pas moins simple. Il suffisait d'imprimer ce commentaire en note, au bas des pages, ou à la marge en regard des propositions censurées par Leibniz. J'aurais laissé seulement à l'éditeur le soin d'examiner si les marges n'eussent pas été surchargées, car il y a telles propositions de l'Éthique, par exemple, pour lesquelles je comptais donner trois commentaires successifs et différents, quelques-uns même plus étendus que le texte qu'ils expliquent et réfutent.

Pourquoi donc, me dira-t-on, n'avez-vous pas exécuté ce projet? Le voici : Un habile et ingénieux écrivain a donné une traduction des œuvres de Spinoza, précédée d'une introduction, et s'est acquis par ce travail des droits à l'estime et à la reconnaissance des amis de la philosophie. Il y a mis son nom à côté de celui de Spinoza ; il a ainsi contribué à le faire connaître en France. Spinoza lui appartient, et je n'ai pas le mauvais goût d'aller sur les brisées des autres. La philosophie est assez vaste pour que chacun y choisisse une province, et la bibliothèque de Hanovre assez riche pour qu'on ne s'en dispute pas envieusement les trésors. Spinoza, je le répète, appartient à M. Saisset, et, apprenant qu'il préparait, de concert avec M. Charpentier, une nouvelle édition de ses œuvres, je lui fis offrir, par un ami bien connu de la philosophie, de prendre connaissance des notes de Leibniz sur Spinoza. Je ne doutais pas que le savant éditeur ne mît ici l'intérêt de la vérité fort au-dessus de ses préférences personnelles. Car il est de ceux qui aiment avant tout la vérité, et qui ont droit de dire : *Amicus Spinoza, sed magis amica veritas* (1).

Je me ferais cependant un cas de conscience de laisser perdre entièrement ce fruit de mes recherches. Spinoza a gâté l'Allemagne ; son esprit tortueux, alambiqué et subtil, a déformé le cerveau des penseurs d'outre-Rhin. C'est, en tous cas, une lecture difficile et dangereuse que celle de ses œuvres : on entre à sa suite dans une forêt obscure de lemmes et de théorèmes, sur lesquels les scolies ne répandent qu'une douteuse clarté. Combien croyez-vous qu'il y ait d'esprits assez exercés en France pour lire l'Ethique, la plume à la main, sans y laisser passer un sophisme, et en ayant soin d'y relever tous les paralogismes qu'elle contient ? Leibniz a fait cela : et c'est à chaque page, presque à chaque ligne, qu'il découvre des fautes de logique, parfois grossières, que Hegel n'a point vues. Avouez que l'esprit si vif et si étendu d'un Leibniz pouvait seul peut-être mener à bien cette tâche ar-

(1) Je dois à la vérité de déclarer que depuis M. Saisset m'a écrit n'avoir reçu ma communication que trop tard pour en faire usage. Comme le fameux siége de Vertot, l'édition était faite.

due, et qu'il serait déplorable qu'un tel commentaire, signé d'un tel nom, fût à jamais perdu. J'ajoute qu'il deviendrait scolaire. Car ici on aurait le remède à côté du mal. En tout cas on aurait pour la première fois un commentaire de Spinoza, vraiment digne de ce nom et comprenant l'Ethique et ses correspondances.

En attendant la troisième édition de Spinoza, qui ne peut tarder, j'ai donc pris le parti de donner cette nouvelle édition, considérablement augmentée de la Réfutation de Spinoza par Leibniz. On y trouvera de plus que dans la première 1° un commentaire à l'Ethique de Spinoza; 2° des remarques sur plusieurs lettres du philosophe d'Amsterdam. Ces pièces sont entièrement inédites et forment un ensemble. La première réfutation est populaire. Celle-ci est plus scientifique.

PRÉFACE

DE LA PREMIÈRE ÉDITION.

La critique en Allemagne s'est beaucoup occupée de la question des rapports de Leibniz avec Spinoza, question difficile et qui soulève celle de savoir si Leibniz a été Spinoziste. Les noms de MM. Trendelenburg, Erdmann, Guhrauer et Schulze ont retenti dans ce débat. M. Schulze, professeur à Gœttingue, avait, pour répondre à un vœu souvent exprimé par Herbart, fait connaître dès 1830, dans la Revue Savante de Gœttingue, les notes marginales d'un exemplaire de Spinoza, conservé à Hanovre, annoté de la main de Leibniz. Et, comme ces notes ne vont point au delà de la première partie, il en concluait que Leibniz n'avait pas connu ou du moins étudié les autres. M. Trendelenburg, cependant, mentionnait en 1845 des extraits de l'Éthique de la main de Leibniz, de la 3º à la 5e partie.

M. Erdmann, dans la préface des Œuvres philosophiques de Leibniz, mentionnait également des extraits de l'Éthique faits avec tant de soin, que de la première et de la quatrième partie pas une proposition n'a été omise. Enfin, M. Guhrauer nous apprenait que, pendant son séjour à Paris, Leibniz, qui voyait souvent Antoine Arnault, lui communiqua un dialogue en langue latine sur la Prédestination et la Grâce, où il rappelait, à propos de ses études sur la question, qu'il n'avait omis la lecture d'aucun des auteurs qui ont écrit sur ce sujet, et qu'il s'était particulièrement attaché à ceux qui avaient le plus outré la nécessité des choses, comme Hobbes et Spinoza.

Si nous résumons cet état de la critique en Allemagne, nous verrons que quelques erreurs s'étaient glissées dans ces énonciations diverses, et que l'on pouvait même y trouver de notables contradictions. M. Schulze n'avait vu de notes marginales qu'à la première partie de l'Éthique, et cependant M. Trendelenburg citait la 3ᵉ, la 4ᵉ et la 5ᵉ. De son côté, M. Guhrauer reprenait M. Erdmann sur deux erreurs assez graves. En effet, M. Erdmann, pour démontrer l'influence de Spinoza sur Leibniz, s'était appuyé sur ce fait, que le petit Traité de Leibniz, intitulé : *De Vita Beata*, composé, selon lui, vers 1669, contient quelques phrases textuellement empruntées à l'Éthique et au Traité *De Emendatione Intellectus*. Il citait à l'appui les expressions dont Leibniz s'était servi pour louer l'amour de Dieu, et il renvoyait à Spinoza qui en a d'approchantes. Mais il avait oublié de consulter Descartes, où elles se trouvent tout au long et où Leibniz comme Spinoza a pu les prendre. Enfin, il avait oublié surtout que l'Éthique étant postérieure à la date qu'il a fixée, il est bien impossible que ce soit à Spinoza que Leibniz ait fait cet emprunt.

Mais ces erreurs de détails écartées, ce qui ressort clairement de l'état de la critique en Allemagne sur ce point difficile, c'est qu'on ne connaissait et encore assez vaguement que des extraits de l'Éthique faits par Leibniz, mais non pas une réfutation des propositions de l'Éthique, ou du moins d'un grand nombre, également de la main de Leibniz, et revêtue d'un caractère certain d'authenticité.

Le manuscrit que nous publions aujourd'hui est destiné à combler cette lacune. Caché sous un nom qui n'attirait pas la curiosité comme celui de Spinoza, confondu dans une liasse qui porte le nom de Wachter, il a échappé aux recherches. Nous l'offrons aux amis des études philosophiques en France (1).

Ce manuscrit contient la réfutation de propositions empruntées, non pas à telle ou telle partie de l'Éthique, mais à toutes; donc Leibniz les a toutes connues.

Le Traité Théologico-Politique, celui de la Réforme de l'Entendement, les lettres mêmes de Spinoza sont cités; donc Leibniz connaît l'œuvre entière du philosophe hollandais.

Il ne le cite que pour le réfuter; donc Leibniz n'est Spinoziste ni de près ni de loin.

Si l'on demande quelle est la date approxima-

(1) Voir la notice sur le livre de Wachter, et le manuscrit de Leibniz qui la suit.

tive de cet écrit, on peut la fixer avec assez de certitude entre 1708 et 1710. En effet, la Théodicée ne parut qu'en 1710, et elle contient une page tout entière évidemment empruntée à notre manuscrit, où Leibniz paraît d'ailleurs avoir puisé tout ce qu'il dit de Spinoza. Mais, comme le livre de Wachter ne parut qu'en 1706, c'est bien certainement entre 1706 et 1710 que Leibniz en écrivit la critique. Le texte seul prouve que Leibniz est en possession de la Monadologie et de l'Harmonie préétablie.

Une objection naît de cette fixation de date. Ce manuscrit, dira-t-on, est de Leibniz, en pleine possession de sa philosophie, et ne saurait atténuer l'effet qu'a dû produire sur Leibniz, plus jeune et moins maître de sa pensée, la doctrine de Spinoza. Cette assertion, dénuée de preuves, tombe devant ce fait bien simple.

La publication de l'Éthique est de 1677.

Or, dès 1672, Leibniz s'est séparé de Descartes sur l'idée fondamentale de la substance. Il est prêt à combattre Spinoza, et certes il n'a pas secoué le joug du maître pour porter celui d'un disciple inférieur au maître.

En 1673, nous le voyons en possession d'une autre idée fondamentale : celle-là même d'où naîtra plus tard la Théodicée. Il enseigne un Dieu libre dans son choix au moment où Spinoza enseigne un Dieu fatal.

Enfin, l'Ethique paraît, 1677. Leibniz se procure le livre. Il le lit. Qu'écrit-il à Hugens, le 1ᵉʳ décembre 1679 ? « Je voudrois savoir si vous avez lu avec attention le livre de feu M. Spinoza. Il me semble que ses démonstrations prétendues ne sont pas des plus exactes, par exemple lorsqu'il dit que Dieu seul est une substance et que les autres choses sont des modes de la nature divine, il me semble qu'il n'explique pas ce que c'est que substance. »

Dans un autre de ses écrits, on trouve le jugement le plus court mais aussi le plus énergique qui ait été porté par un contemporain, renfermé dans ce mot : « *L'Éthique ou de Deo*, cet ouvrage si plein de manquements, que je m'étonne. »

Hanovre, 25 octobre 1855.

PREMIER MÉMOIRE.

27 JANVIER 1854.

Je ne crois pas à l'influence de Spinoza sur Leibniz; j'en donne les raisons dans l'avant-propos. Je crois, au contraire, trouver dans les principales opinions philosophiques de Leibniz et dans le lien systématique qui les unit, la trace d'une réaction puissante contre Spinoza. J'arrive donc de suite à la réfutation de Spinoza par Leibniz, dans les termes où le premier manuscrit nous la donne (1).

Une réfutation de Spinoza peut sembler radicale et n'être que partielle; on lui conteste son point de départ, et comme d'après l'hypothèse tout son système est renfermé dans la première définition de la première partie de l'Ethique, la première Proposition détruite, toutes les autres le sont. C'est

---

(1) Voir la traduction de ce manuscrit à la suite de ces Mémoires.

là ce que j'appellerais volontiers la réfutation paresseuse du Spinozisme. Elle paraît la plus profonde et c'est la plus facile. La seconde méthode, moins brillante, est au fond plus solide, mais demande plus d'étude et plus de raison. Il faut appliquer l'analyse et critiquer chaque Proposition, ou du moins toutes celles qui paraissent dignes de l'être; il faut surtout noter les contradictions. C'est la méthode de Leibniz. Mais qu'on ne s'y trompe pas, Leibniz ne se contente pas de détruire, il fonde : à un système il en oppose un autre radicalement contraire et il l'applique à la réfutation de Spinoza : c'est là le côté original, imprévu, de son œuvre, celui qu'il faut restituer.

Enfin, bien qu'analysant minutieusement et avec détail, il caractérise l'ensemble de la doctrine qu'il attaque et il la caractérise tout différemment de notre manière moderne. Est-il plus vrai par la sévérité de sa critique qu'on ne l'a été de nos jours par l'excès de la louange? Est-il au-dessous de la vérité en faisant du Spinozisme une théorie moins redoutable qu'on ne le croit d'ordinaire? Entre Leibniz et ses modernes compatriotes chacun peut juger. Ce n'est ni le temps ni le lieu de lui opposer Hegel ou Jacobi.

J'ajoute que cette réfutation me paraît sincère :

ce sont en effet de simples notes qui la renferment. Évidemment Leibniz ne les destinait pas à voir le jour. Ce n'est pas le besoin de mettre sa doctrine à couvert et de renier des opinions condamnables qui lui a mis la plume à la main. Il censure les propositions de Spinoza parce qu'il les croit fausses. Sa sincérité ne saurait être suspectée.

C'est une opinion généralement reçue que la Théodicée de Spinoza, ou son Traité *de Deo*, en un mot, la première partie de l'Ethique renferme toute sa doctrine. Leibniz cite dans sa réfutation neuf propositions tirées de cette première partie, et en démontre la fausseté. La première des propositions qu'il mentionne est la 13° de l'Ethique; des douze premières il ne dit rien : non pas qu'il les approuve, mais il trouve les démonstrations qui s'y rattachent pitoyables ou non intelligibles (1).

Elles ont pour but d'établir :

1° Qu'il n'y a qu'une substance ;

2° Que l'existence appartient à sa nature ;

3° Qu'elle est nécessairement infinie ;

4° Qu'une substance ne saurait en produire une autre.

Leibniz, dans une lettre à Hugens, leur adresse

---

(1) Voir Leibniz, Ed. Erdmann, p. 170.

le reproche très-général et très-fondé de ne rien nous apprendre sur la nature de la substance, qu'elles doivent expliquer ; et il n'admet pas qu'un esprit sérieux se puisse contenter de la définition nominale qui ouvre le premier livre de l'Éthique.

Après avoir posé la substance une, Spinoza en déduit les attributs. Les attributs sont ce que la raison saisit de la substance comme constituant son essence. La substance de Dieu enveloppe des infinités de tels attributs (Prop. XI). Elle a d'autant plus d'être qu'elle en a un plus grand nombre (Prop. IX). Ils sont sa nature (Prop. V) définie, mais totale. On pourrait croire que Spinoza va développer toute la richesse de ces attributs infinis en une variété merveilleuse. Mais, par un brusque retour à la simplicité des voies et moyens qu'enseignait Descartes, dans le Coroll. de la Prop. XIV, il borne tout le progrès de ses déductions à deux, qui sont la pensée et l'étendue.

Cette simplicité apparente cache bien de la confusion et de l'obscurité. Sur ces deux attributs il y en a un de trop : car ils sont hétérogènes, et mettre en Dieu, c'est-à-dire dans l'Être absolu et parfait, des choses hétérogènes, telles que la pensée et l'étendue, c'est du même coup ruiner ses perfections, altérer sa simplicité, et cela, comme le dit Leibniz, par une imagination grossière dont il signale les dangereuses conséquences. La définition même de la pensée est la négation de l'étendue : et celle-ci implique à son tour la négation de la pensée. Nous concevons l'étendue sous le caractère de l'imperfection et comme dépouillée de raison. « Oui, répond Spinoza, mais cela n'empêche pas que l'esprit soit forcé, s'il s'élève au-dessus de la quantité divisible et finie, de la quantité imaginaire, d'accorder à l'étendue les caractères de l'Éternité et de l'Infinité. Quant à l'imperfection que vous lui reprochez, elle suit de sa nature, donc elle ne saurait l'altérer. »

C'est ici qu'avec une originalité merveilleuse, Leibniz lui oppose le plus subtil travail de sa métaphysique sur la matière et sur l'étendue. Spinoza met en Dieu l'étendue : Ce n'est pas, nous dit Leibniz, qu'il veuille faire son Dieu corporel. Nullement, il veut seulement qu'il enveloppe la substance étendue ; et il fait de cette dernière un attribut infini de Dieu (1). Mais, d'abord, l'étendue n'est pas une substance ; l'étendue seule est quelque chose d'incomplet, une pure puissance, ce

---

(1) Voir Scol. de la Prop. XV et Lettre 72, où il avoue qu'il n'a pas encore pu mettre en ordre ses pensées sur ce sujet, et cela en 1676, une année avant sa mort.

qu'Aristote appelle : δυναμικὸν πρῶτον, παθητικὸν πρῶτον ὑποκείμενον, ce que moi j'appelle : *Matière première*.

Est-ce là ce dont Spinoza entend faire un attribut infini de Dieu ? « Je réponds que l'étendue, ou si l'on veut la matière première, n'est autre chose qu'une certaine répétition indéfinie des choses en tant qu'elles sont semblables entre elles ou indiscernables.

» Mais de même que le nombre suppose des choses nombrées, l'étendue suppose des choses qui se répètent et qui, outre les caractères communs, en ont de particuliers. Ces accidents, qui sont propres à chacune, rendent actuelles, de simplement possibles qu'elles étaient d'abord, les limites de grandeur et de figure. La matière purement passive est quelque chose de très-vil qui manque de toute vertu, mais une telle chose ne consiste que dans l'incomplet ou dans une abstraction. »

Ceux qui veulent qu'une telle chose soit une substance renversent l'ordre des paroles aussi bien que des pensées. Outre l'étendue, il faut avoir un sujet qui soit étendu, c'est-à-dire une substance à laquelle il appartient d'être répétée et continuée. La notion de la substance répandue ou répétée est donc antérieure à sa répétition. Mais que serait-ce qu'un Dieu qui se répète et se continue, sinon la matière? Mais alors comment peut-on lui attribuer l'unité et l'indivisibilité?

Elle est une, dites-vous : mais elle a des parties, ou elle n'est plus l'étendue. Elle est infiniment divisible : est-ce pour cela que vous la déclarez indivisible? Elle répète indéfiniment les choses en tant qu'elles sont semblables. Donc elle suppose les choses qu'elle répète. Donc elle n'en est pas la source infinie, mais l'indéfinie répétition dans l'espace et dans le temps.

C'est une pure puissance, vous en faites l'acte de Dieu ; c'est quelque chose de passif, vous en faites l'énergie des êtres, un principe d'action, la force de diffusion de la divinité, tandis qu'elle n'est que la matière diffuse en dehors de Dieu.

Spinoza appuie cette erreur sur une fausse manière de considérer la quantité. Dans le Schol. de la Prop. XV et dans sa Lettre 29 sur l'infini, il distingue deux sortes de quantités, l'une que l'on imagine, l'autre que l'on perçoit par l'entendement : la première, que l'imagination nous représente divisible et qu'un penchant naturel nous porte à diviser ; la seconde, que nous concevons comme indivisible à l'aide de l'entendement qui nous en fait percevoir la substance et non plus les modes. Leibniz, dans la réfutation, se contente de faire remarquer ce qu'il y a d'étrange à dire que l'étendue n'est pas divisible : mais on peut, à l'aide de textes nombreux, reconstituer sa pensée plus développée sur ce point et l'opposer à Spinoza en ces termes : « Vous mettez en Dieu la quantité, mais c'est la quantité sans divisibilité. En effet, Dieu ou la substance est indivisible, donc en tant que substance la quantité l'est aussi. Mais en vérité ce n'est rien dire, et même il importe peu qu'il s'agisse d'une quantité réelle ou idéale. S'il s'agit de la première, elle est actuellement sous-divisée en une infinité de parties. Je dis *une infinité* parce qu'il n'y a pas de raison suffisante de limiter cette division et bien moins encore de déclarer l'indivisibilité. Entendez-vous parler au contraire de la seconde, c'est-à-dire de la quantité idéale : elle enveloppe la possibilité d'être divisée à l'infini. Prenons pour exemple la quantité de la matière : comme Descartes et comme vous, je ne vois pas de raison de la limiter. Mais je suis loin d'en conclure qu'elle est indivisible et infinie : j'en conclus, au contraire, qu'elle est infiniment divisible (1). En effet, entendez-vous parler

---

(1) Nous nous réservons de revenir sur cette opinion de Leibniz, que paraissent contredire les résultats acquis de la science. Nous

de la quantité réelle ou de la quantité idéale de la matière. Dans un cas, la division est actuelle; dans l'autre, elle est possible. Dans les deux, il y a divisibilité. Ce ne peut donc être ni de l'une ni de l'autre que vous entendez parler quand vous parlez de la quantité indivisible et infinie, qui est Dieu. Il reste que ce ne soit d'aucune quantité connue. »

Les défenseurs de Spinoza insistent et voient là une belle application des mathématiques à la métaphysique : « Pour Spinoza, nous disent-ils, les quantités finies s'anéantissent, et ce qui reste est l'infini. C'est précisément la loi du calcul inventé par Leibniz. »

Il n'y a qu'un malheur : il est bien vrai que chez Spinoza les quantités finies s'annulent, mais ce qui reste n'est pas l'infini, c'est l'indéterminé.

Leibniz le lui prouve par son analyse si fine et si délicate de l'étendue : quand on en retranche toutes les déterminations, ce qui reste c'est quelque chose de très-vil et d'incomplet, une pure abstraction et non pas l'infini.

Or, Spinosa est forcé d'en retrancher toutes les déterminations pour en faire un attribut de Dieu;

---

insistons seulement sur un point : c'est qu'elle contredit certainement l'opinion de Spinoza.

car dans sa philosophie toute détermination est purement négative, et l'attribut, au contraire, doit être une affirmation absolue. Maintient-il la distinction de la pensée et de l'étendue, il détermine aussitôt l'étendue à une certaine manière d'être : *in certo entis genere consistit* : alors il est Cartésien, mais il doit l'être jusqu'au bout et ne pas mettre en Dieu l'étendue.

Veut-il, au contraire, à force d'indétermination, faire entrer l'étendue dans la notion de la substance avec la pensée, cette indétermination même la fait évanouir ; alors il n'est plus Cartésien, mais ce qu'il met en Dieu ou rien, c'est la même chose.

Que Spinoza renonce donc, enfin, à cet attribut qui n'exprime rien ; un étendu infini n'est rien que d'imaginaire ; un être pensant, infini, c'est Dieu lui-même.

Telles sont les fortes paroles par lesquelles Leibniz conclut sa critique des attributs hétérogènes mis en Dieu pour être l'expression de sa nature. Dieu, suivant Spinoza, avait deux attributs qui l'expriment. L'un est tombé, l'autre demeure. La pensée a encore une fois triomphé de l'étendue.

Spinoza, cependant, ne renonce pas à composer le monde ; et si vous lui demandez : La création est-elle possible, il vous répondra qu'elle est nécessaire.

Si l'on cherche quelle est la tendance philosophique de Spinoza au sujet de la création, c'est évidemment de reléguer parmi les fictions l'idée d'une création tirée du néant, en vertu du principe : *Ex nihilo nihil*. Le fameux Scolie de la Proposition XV, qui, en dernière analyse, a pour but de prouver que l'essence de la matière enveloppe son existence, prend une forme polémique insultante qui ne revient que dans les moments décisifs, et trahit, en même temps que les préoccupations du Kabaliste, le secret et l'effort du Logicien.

Voici dans quelle alternative se trouvait Spinoza. Le principe *ex nihilo nihil* est un principe essentiellement matérialiste. On pourrait faire l'histoire de son origine, de ses développements et de ses conséquences. C'est le principe employé par Lucrèce et toute l'antiquité païenne pour démontrer la nécessité de la matière et l'éternité du monde. Par ses conséquences il devait plaire à Spinoza, mais par ses origines il semble qu'il lui fût interdit de s'en servir.

Ce principe, en effet, est tiré de la loi même qui règle les générations dans l'ordre de la nature, où il est très-certain que rien ne se fait de rien, en ce sens que chaque chose a son germe. C'est donc un principe fourni par le spectacle des causes particu-

-lières et finies, et qui, jusqu'à preuve du contraire, ne vaut que pour les êtres finis et contingents, un principe qui d'ailleurs ne nous dit rien des âmes, et que Leibniz met au défi d'expliquer les modes de la substance, explication devenue cependant bien nécessaire dans un système qui ne voit partout que de tels modes.

Mais comment Spinoza, qui rejette dédaigneusement le secours de l'expérience et ne veut pas de la considération des causes secondes, pouvait-il admettre et employer l'existence d'une loi que l'expérience seule peut fournir, et que rien n'amène dans le progrès d'une déduction logique? De quel droit pouvait-il enfin appliquer à la cause infinie un principe qui ne pouvait lui être suggéré que par le spectacle des causes secondes dont il prétend se passer? Évidemment, pour l'admettre, il fallait que Spinoza sacrifiât sa méthode, que parti de la raison il revînt à l'expérience et renversât tout l'ordre de sa philosophie.

Que fait Spinoza : il transforme ce principe (1), il en fait un axiome de la raison. Ce principe, que lui fournit la grossière existence des êtres finis, il lui donne la valeur d'une cause efficiente, et il le

---

(1) Voir sa Lettre XIX.

formule ainsi : « Tout est en Dieu, c'est-à-dire Dieu renferme l'être et l'idée de chaque chose. » C'est la formule de son panthéisme, il ne dit pas : « Tout est de Dieu, *ex Deo*, c'est-à-dire Dieu produit l'existence de chaque chose conforme à son idée qui est en lui. Tout est en Dieu, *in Deo*. Dieu renferme l'être et l'idée de chaque chose. Donc toutes les choses qui sont produites sont le produit des seules lois de la nature infinie de Dieu, et ne sont que des suites de la nécessité de son essence. »

Telle est, dans Spinoza, la transformation inattendue du vieux principe sur lequel avaient vécu et disserté les matérialistes du monde païen. La déduction est plus savante : la conséquence est la même.

Mais comment attaquer, nous dit-on, un axiome reconnu pour une vérité éternelle ; comment en infirmer les conséquences ? Voulez-vous donc que la raison se refuse à l'évidence de ses lois, qu'elle se renie elle-même ? Dans la question si grave du rapport du fini et de l'infini, quel est le problème ? c'est d'expliquer la dépendance du monde, l'action de Dieu. Le dualisme explique cette dépendance, cette action, à sa manière ; le panthéisme à la sienne ; le système de la création ne l'explique pas.

Je ne dirai qu'une chose : Spinoza, nous l'avons vu, ne peut rien expliquer qu'en vertu de ces deux principes : ou bien le principe matérialiste dans son ancienne formule souvent rappelée par lui : *Ex nihilo nihil,* ou bien ce principe transformé, devenu une vérité rationnelle à priori, et la formule même du panthéisme : *Dieu renferme l'être et l'idée de chaque chose.*

S'il emploie le premier, il a tort d'appliquer à Dieu un principe qui n'est applicable qu'aux choses finies. S'il emploie le second, et c'est en effet celui qu'il emploie dans l'Éthique, il a tort d'appliquer aux choses finies un axiome qui ne s'applique qu'à Dieu et aux vérités éternelles infinies.

Leibniz s'attache à détruire la fausse application du second de ces principes, et signale avec une merveilleuse clarté le vice radical de la logique de Spinoza, qui est précisément de confondre les idées générales et les notions individuelles ; il ruine ainsi la prétendue impossibilité de la création. Bien loin d'y voir une impossibilité quelconque, Leibniz n'y voit que la réalisation des possibles, qui, de simples prétendants qu'ils étaient d'abord arrivent à l'existence réelle sous le nom d'êtres contingents. Les idées de ces choses sont en Dieu leur auteur; elles y forment ces grandes familles philosophiques des genres et des espèces de Platon; elles sont les essences des choses coéternelles à Dieu, enveloppées dans son essence infinie, d'où elles jaillissent sans cesse comme le courant éternel qui porte les choses à l'existence. D'elles seules est vrai ce que Spinoza applique à tout, même aux individus et aux êtres contingents et finis, à savoir cet axiome : *que l'essence de la chose renferme son être et son idée* (1).

Spinoza suppose ici gratuitement l'identité des idées générales et des notions individuelles, et il applique aux unes ce qui n'est vrai que des autres; Spinoza se trompe en les croyant identiques ; elles ne le sont pas. Ce qui convient aux espèces ne convient pas aux individus ; les caractères de ces notions diffèrent. Les premières ne suivent que l'ordre des idées, les secondes suivent de plus en plus l'ordre des existences. On ne peut comprendre Dieu sans les idées ; on ne peut comprendre les existences sans Dieu. L'essence est simple, elle n'enveloppe que des vérités éternelles ou nécessaires. La notion de l'existence est complexe, elle requiert autre chose. Cette distinction se retrouve entre l'es-

(1) Malgré le Schol. de la Prop. X, cet axiome que Spinoza paraît désavouer lui appartient en propre; car après l'avoir rejeté en commençant, il y revient en finissant. Voir Prop. X, p. 2.

pèce et l'individu ; rien que d'abstrait et de théorique dans la notion de la sphère en général ; mais au contraire, la notion d'une certaine sphère donnée doit enfermer tout ce qui appartient au sujet de cette forme. La première n'exprime que les vérités éternelles, la seconde enferme quelque libre décret de Dieu, la suite de l'univers, l'ordre même de la création. Donc l'ordre de la création, le plan du monde, nié et méconnu par Spinoza, est d'une importance considérable même dans des méditations abstraites sur la nature des choses. La vraie philosophie le consulte, la fausse seule prétend s'en passer (1).

C'est pour ne l'avoir pas consulté ou même compris que Spinoza applique continuellement à faux l'axiome que *l'essence de la chose renferme son être et son idée.*

Axiome vrai pour les espèces, faux ou du moins inapplicable quand il s'agit des individus. Les individus ne sont pas le fondement des notions distinctes ou des idées claires de Descartes, comme les essences et les espèces ; ils ne sont donc pas en

---

(1) Sans doute Spinoza connaissait la distinction entre le général et le particulier. Il l'énonce dans ses Lettres, mais il l'a méconnue dans le Scolie de la Prop. XV, et généralement dans toute l'Éthique, et Leibniz a bien raison de la rétablir contre lui.

connexion nécessaire avec Dieu ; ils ne sont donc pas le produit de la nécessité, mais du libre décret et de l'inclination raisonnée de leur auteur. « Il est donc faux de dire, Eth. p. 1, Prop. XXXIV, que Dieu est de la même nécessité cause de soi et cause de toutes choses. Dieu existe nécessairement, mais il produit librement. Dieu a produit la puissance des choses, mais elle est distincte de la puissance divine. Les choses opèrent elles-mêmes bien qu'elles aient reçu les forces d'agir. »

La réfutation abonde en textes où est énergiquement marquée la liberté de Dieu dans la production du monde. « Il a tort, nous dit Leibniz, parlant de Spinoza, il a tort de dire que le monde est l'effet de la nature divine, bien qu'il laisse entendre qu'il ne l'est pas du hasard. Il y a un milieu entre ce qui est nécessaire et ce qui est fortuit. C'est ce qui est libre. Le monde est un effet volontaire de Dieu, mais à cause de raisons inclinantes ou prévalentes. Quand bien même on en supposerait la perpétuité, il ne serait point nécessaire. Dieu pouvait ou ne pas créer ou créer autrement, mais il ne devait pas le faire (*non erat facturus*). »

Le Dieu de Leibniz a un rapport aux possibles et il les détermine. Il a donc un entendement qui en a les idées, et une volonté qui choisit. Son entendement est la source des essences et sa volonté la source des existences. C'est une cause intelligente et libre. Les traits de la personne humaine, agrandis, renouvelés, s'y montrent jusque dans la lumière inaccessible. De grands restes de l'image de Dieu dans l'homme servent à reconstituer son idéal. Leibniz y découvre des veines cachées en retranchant ce qui les empêche de paraître. On sent bien que Spinoza, en partant de l'immobile unité, ne pouvait admettre de telles conséquences. Pour lui, c'est de l'anthropomorphisme tout pur. En effet, son Dieu, réglé par le mécanisme de sa nature, est plus simple, et on ne saurait l'accuser de faire le personnage de la divinité. Il n'a ni l'entendement qui va au vrai, ni la volonté qui va au bien. Un Dieu relatif à son intelligence et à sa volonté, c'est pour lui quelque chose d'aussi étrange qu'un Dieu qu'on ferait relatif au mouvement et au repos. Les hommes ont cru pouvoir lui faire honneur de leurs perfections, ils ne savaient pas que l'entendement et la volonté qui constitueraient l'essence de Dieu n'auraient pas plus de rapport à leur intelligence et à leur volonté que le chien, signe céleste, et le chien, animal aboyant. Ni la volonté, ni l'intelligence n'appartiennent à la nature de Dieu. C'est ce que Leibniz exprime merveilleusement. « Spinoza, dit-il, cherchait une nécessité métaphysique dans les événements, il ne croyait pas que Dieu fût déterminé par sa bonté et par sa perfection, mais par la nécessité de sa nature, comme le demi-cercle est obligé de ne comprendre que des angles droits, sans en avoir ni la connaissance ni la volonté. »

Toutefois, Leibniz reconnaît lui-même qu'il y a quelque chose d'obscur dans le sentiment de Spinoza sur ce sujet, et il exprime ainsi dans la Théodicée l'apparente contradiction qui s'y trouve : *Cogitationem non intellectum concedit Deo*. Dans la réfutation, il renvoie de plus aux textes. Par le Scol. de la Prop. XVII, p. 1, Spinoza refuse à Dieu *l'entendement;* par la Prop. I de la 2ᵉ partie, il lui accorde *la pensée*. Wachter (1) prétendait tout expliquer par la distinction des deux verbes en Dieu : l'un, qui lui serait intérieur et dont Spinoza ne veut pas ; l'autre, qui lui serait extérieur et qu'il admet, au point que Wachter est persuadé que Spinoza a reconnu la création par le verbe ou intellect externe. On comprend que Leibniz ne se soit pas contenté de pareils commentaires, et qu'il ait maintenu la contradiction des deux Propositions.

Cependant, et malgré l'autorité de Leibniz, je ne

(1) Voir pour Wachter la Notice qui précède le manuscrit de Leibniz.

crains pas d'affirmer qu'il n'y a là aux yeux de Spinoza aucune contradiction. Non, il est très-vrai que dans son système, Dieu pense sans comprendre et qu'il agit sans vouloir. Voici comment : la pensée, prise au sens large, et jusqu'à un certain point au sens cartésien, *cogitatio* est une force infinie universellement répandue dans la nature des êtres. Tant qu'elle ne vient pas à la connaissance de soi, elle n'est ni entendement ni savoir (*intellectus*). Ne recevant aucune forme, elle ne perd rien de son infinité. L'être dont elle est l'attribut infini peut penser sans avoir la *sagesse*. Il peut agir sans vouloir le *bien*. A ce degré d'indétermination, la nature est *naturante*, c'est-à-dire libre (1).

Entendez-vous parler, au contraire, des déterminations de la pensée, et il y en a de toutes sortes : l'intellect en est une, la volonté une autre, le désir et l'amour également ; alors la nature est *naturée*, c'est-à-dire nécessaire ou fatale.

Si nous traduisons en un langage moins barbare cette Proposition fondamentale de l'Ethique, toujours invoquée pour établir la distinction de Dieu et du monde dans le système de Spinoza, voici ce qu'elle signifie : Dieu est la pensée sans conscience

---

(1) Voir Scol. de la Prop. XL.

d'elle-même (ce qui est la négation même de la pensée aux termes de la définition de Descartes (1). Dans cet état d'indétermination, la pensée ne connaît point de bornes : elle est libre comme l'Océan. Si elle se détermine, les modes déterminés d'elle-même, c'est-à-dire les pensées, les volontés particulières, etc., etc., tout enfin n'est qu'une suite nécessaire de sa nature.

Mais comme la pensée n'est plus à l'état indéterminé, quand elle se détermine, il suit de là que, par l'acte créateur, la pensée infinie s'annule, et de même aussi la liberté. Et il ne reste qu'un monde nécessaire.

La nécessité des choses, tel est, en dernière analyse, le seul résultat de la Théodicée de Spinoza : « J'ai montré, nous dit-il, en concluant sa première partie, que tout a été prédéterminé par Dieu, non pas en vertu d'une volonté libre ou d'un absolu bon plaisir, mais en vertu de sa nature absolue ou de son infinie puissance. »

Leibnitz, avec une perspicacité merveilleuse, fait la part de l'erreur et de la vérité qui se mêlent dans cette conclusion. « Il a raison, nous dit-il, par-

---

(1) *Cogitationis* nomine intelligo illa omnia quæ nobis consciis in nobis sunt, quatenus eorum in nobis *conscientia* est. Voir aussi les Lettres 27 et 41 de Spin.

lant de la polémique de Spinoza contre les partisans du bon plaisir et de l'absolutisme, il a raison de ne pas vouloir d'un Dieu indifférent, et décrétant toutes choses par une volonté absolue. Dieu décrète par une volonté qui s'appuie sur des raisons, *voluntate rationibus innixa*. »

Mais il a tort de ne point reconnaître de bonté en Dieu, et d'enseigner « que toutes les choses existent par la nécessité de la nature divine, sans que Dieu fasse aucun choix. »

« Entre ce qui est nécessaire et ce qui est fortuit, il y a un milieu, c'est ce qui est libre. »

Telle n'est pas la pensée de Spinoza. Après avoir expliqué, comme il le dit, la nature de Dieu, après lui avoir enlevé l'intelligence et la volonté, après avoir réglé sa vie du dedans par la nécessité sourde, sa vie du dehors par un mécanisme brut, il s'adresse aux hommes et il les engage à s'affermir de plus en plus dans la doctrine de la nécessité, à se faire un destin à la turque. Pour lui, il a tâché de déraciner des préjugés invétérés dans la race humaine. Il en est deux surtout qu'il a combattus, qu'il combat encore : le préjugé des causes exemplaires et celui des causes finales (1).

(1) Voir Scol. 14 de la Prop. XXXIII et l'appendice de la première partie.

« J'avoue, nous dit-il, que l'opinion qui soumet toutes choses à une certaine volonté indifférente, et les fait dépendre du bon plaisir de Dieu, s'éloigne moins du vrai, à mon avis, que celle qui fait agir Dieu en toutes choses par la raison du bien. »

En effet, le principe des causes finales devait être impitoyablement exclu d'une philosophie, qui, en dernière analyse, arrivait à l'identité du bien et du mal, de la beauté et de la laideur, du vice et de la vertu ; et je comprends parfaitement que Spinoza les ait bannies comme des compagnes importunes dont la présence lui déplaît.

Mais ce dédain des causes finales sans lesquelles on prétendait tout expliquer, cachait plus d'ignorance qu'il ne décelait de véritable savoir. La nature, comme le dit fort bien Leibniz, a pris ses précautions contre les partisans exclusifs de l'application de la méthode des géomètres à la métaphysique. Elle a des voiles qui ne se laissent soulever que par des mains discrètes et pieuses. Et comme elle porte partout les traces de la sagesse et de l'harmonie, il faut recourir à d'autres principes qu'à ceux de la nécessité sourde des géomètres.

Les mathématiques elles-mêmes demandent de ces adresses : et, dans le calcul de l'Infini, on est arrêté à chaque pas si l'on ne sait manier une analyse supérieure qui donne de nouvelles ouvertures. La voie linéaire et purement géométrique où était entré Spinoza est une voie bornée, et ne mène pas aux découvertes : « Spinoza est mort cet hiver (écrit Leibniz à l'abbé Galloys, en 1677). Je l'ay vu en passant par la Hollande, et je luy ai parlé plusieurs fois et fort longtemps. Il a une étrange métaphysique, pleine de paradoxes. Entre autres, il croit que le monde et Dieu n'est qu'une même chose en substance, que Dieu est la substance de toutes choses, et que les créatures ne sont que des modes ou accidents. Mais j'ay remarqué que quelques démonstrations prétendues qu'il m'a montrées ne sont pas exactes. Il n'est pas aisé qu'on pense de donner de véritables démonstrations en métaphysique. Cependant, il y en a, et de très-belles. » Ce n'est donc pas pour avoir voulu démontrer et définir que Spinoza s'est trompé : mais il avait les vues courtes et bornées. Il s'est privé d'utiles auxiliaires, il a tout sacrifié aux apparences de la rigueur géométrique. Il a introduit en métaphysique, sans réserve et sans véritable connaissance, la nécessité sourde des géomètres. Il a négligé les principes de la convenance, de l'harmonie, de la sagesse, faute d'en comprendre la valeur et le légitime emploi. C'est pourtant, dit Leibniz, une belle rencontre que la nature porte elle-même dans ses lois générales, le témoignage de son souverain auteur, ce qui n'arriverait pas, s'il y avait toujours lieu à une démonstration de la géométrie.

La réfutation nous ramène à la seconde partie de l'Ethique et aux suivantes. Il faut poursuivre le résultat de ses erreurs sur Dieu, dans un autre domaine. Il faut voir à l'œuvre sur les vérités de fait ce théoricien célèbre, qui vient de mutiler si étrangement les vérités éternelles.

Mais, d'abord, y a-t-il pour Spinoza des vérités de fait? J'appelle ainsi, avec Leibniz, celles qui enveloppent une *existence* (1) et forment une notion individuelle. Or, pour Spinoza, la substance est une notion accomplie par elle-même, et qui n'a besoin d'aucune autre idée qui la forme et qui l'achève. Il ne saurait y en avoir qu'une seule de cette nature, elle exclut toutes les autres. Et comme l'idée de celles qu'on nomme individuelles enveloppe toujours quelque existence et en reçoit sa forme et son achèvement, il en résulte qu'on demanderait vainement à Spinoza une réalité qu'il ne peut nous donner, Spinoza n'en convient pas; il croit positivement que l'ordre de ce qui existe étant

---

(1) Lettres à Arnauld. *Existentia est essentia rerum extra Deum*. L'existence de l'homme n'est pas une idée, mais un fait.

en proportion avec l'ordre des idées, on peut conclure de l'une à l'autre et raisonner sur la sphère particulière qui surmonte le tombeau d'Archimède, comme sur l'idée générale de la sphère. Par un procédé qui lui est habituel, il transforme les vérités de fait, et de ce nombre sont les âmes, les corps, la nature entière, en tant que créée de Dieu. Avec la pensée et l'étendue il lui semble, comme à Descartes, bien plus qu'à Descartes, que tout cela nous est donné dans la nature même de la substance. Et il va parler des âmes et des corps comme de modes de la pensée et de l'étendue. En vain Leibniz lui fait remarquer que ce sont les pensées particulières qui sont les modes de l'esprit, bien loin que l'esprit soit le mode de la pensée, que l'étendue suppose des choses qui se répètent, bien loin qu'elle les produise. Spinoza oppose à l'ordre adopté par Dieu, et reproduit par la nature, l'ordre adopté par lui.

Dans quel but renverse-t-il ainsi toutes les lois de la nature, et fait-il à ce point violence aux choses? Ici j'ai besoin de rappeler et de mettre en présence le résultat final de la Théodicée de Spinosa et celui de la Théodicée de Leibniz : d'une part, un Dieu sourd, fatal, inexorable, qui tantôt nous apparaît comme l'indétermination de la pensée voisine du néant, tantôt comme le mécanisme logique de la nature à priori, sans égard aux choses ; de l'autre, au contraire, un Dieu bon, un Dieu sage, qui est le siége des vérités éternelles et la source des vérités de fait, dont l'intelligence est toujours une, toujours égale, toujours en acte, soit qu'elle porte au dehors des paroles de vie et qu'elle appelle les choses à l'existence, soit qu'elle reproduise éternellement au dedans les perfections de sa nature dans l'unité de sa substance.

Après cela, quand je dirais que tous deux cherchent dans les choses l'expression de la nature divine, on me comprendra, je pense, et l'on ne tombera pas dans l'erreur de ceux qui confondent leurs tendances. Tous deux, il est vrai, cherchent l'expression de Dieu dans les choses : mais l'un y cherche l'expression d'un Dieu intelligent et libre, l'autre celle d'un Dieu fatal et brut. L'un poursuit dans le monde la nécessité abstraite de la géométrie, l'autre la certitude réelle de la métaphysique, jointe à la morale. Pour chacun, le monde est un miroir, mais l'objet qu'il représente est différent.

Cette différence radicale va nous les montrer en opposition constante sur la question si grave des rapports de l'âme et du corps. Spinoza dit que l'âme et le corps sont la même chose, mais seulement exprimée de deux manières. De même que dans l'unité de la substance, nous avons vu l'étendue et la pensée se fondre et s'annuler comme différences pour demeurer comme principes élémentaires d'identité; de même dans l'unité relative de ces modes de la substance que nous sommes, le corps et l'âme ne sauraient se distinguer l'un de l'autre. La substance de tous deux est identiquement la même. Ce que le corps est en étendue, l'âme l'est en pensée. Car, le rapport de la nature corporelle à Dieu, pris comme substance étendue, est le même que le rapport de la nature spirituelle à Dieu pris comme substance pensante.

Ce parallélisme de l'une et de l'autre, dont nous avons démontré la fausseté en théodicée, amène Spinoza par une pente naturelle à déclarer, non plus seulement l'union, mais l'unité de l'âme et du corps.

Il raisonne ainsi : « Il y a nécessairement en Dieu une idée, mais rien qu'une, de laquelle découlent une infinité de choses, dont les idées à leur tour doivent être contenues dans l'idée infinie de Dieu. Or, chaque objet a son idée : le cercle a la sienne, le corps humain également. L'âme est l'idée du corps; le corps est l'objet de l'âme. Et, généralement, tout a son âme : car il y a nécessairement de toutes choses en Dieu une idée dont il est la cause.

Les hommes et les choses s'objectivent par une *idée* qui prend un *corps*.

L'idée d'un corps en Dieu est une âme en nous.

Leibniz s'étonne de cette manière d'animer la nature : « Il n'y a pas d'apparence de raison, selon lui, à dire que l'âme est une idée ; les idées sont quelque chose de purement abstrait, comme les nombres et les figures, et ne peuvent agir. Ce sont des notions abstraites et universelles. L'idée d'un animal quelconque est une pure possibilité. L'âme n'est point une idée, mais la source d'innombrables idées. Elle a, outre l'idée présente, quelque chose d'actif ou la production de nouvelles idées. »

Ce n'est pas seulement l'activité qui manque à cette âme tout idéale et tout abstraite, que Leibniz compare fort bien à un nombre ; c'est aussi la simplicité, l'identité, la spiritualité et l'immortalité. Quoi de plus complexe, en effet, que cette âme de Spinoza, qui est l'idée d'un corps, c'est-à-dire une idée composée d'une foule d'autres idées qui répondent aux innombrables parties du corps, et dont la trame plus mince et plus déliée sans doute n'est pas moins compliquée que celle des tissus de ce corps qu'elle exprime ?

Mais aussi, quoi de plus changeant? « Suivant Spinoza, l'âme change à chaque moment, nous dit Leibniz, parce qu'aux changements du corps correspond un changement dans son idée. » Et plus loin : « L'âme est pour lui tellement fugitive, qu'elle ne dure pas même dans la minute présente. »

Je ne m'étonne plus ensuite s'il fait des créatures autant de modifications passagères. En effet, une âme sans réelle unité, sans identité véritable, et tout à fait incapable de se suffire à elle-même, n'a rien de la substance et ne saurait demeurer même dans la minute présente (1).

Mais une telle âme n'a pas davantage les caractères de la spiritualité. Je sais bien qu'elle n'est pas corporelle, au sens où l'entend le vulgaire, puisqu'elle est l'idée d'une étendue qui n'a de matériel que le nom. Oui, sans doute, mais raffinez

(1) Dans le Spinozisme, il n'y a pas de substances individuelles, parce qu'il n'y a pas d'individus véritables, et qu'il ne saurait y avoir de principe d'individuation. Pour Spinoza, l'individu n'est qu'une certaine union des parties, et non pas le fondement des accidents de la substance. Or, les parties sont divisibles, partageables, corruptibles. Donc, il n'y a pas de véritable individualité dans le corps. Quant à la figure, ce n'est pas davantage un principe d'individuation dans le Spinozisme : car il en fait une négation pure, c'est-à-dire tout ce qu'il y a de plus contraire à la définition de la substance.

tant qu'il vous plaira. Idée d'étendue, elle est l'idée d'une chose passive; idée d'étendue, elle n'est pas l'idée de l'esprit; idée d'étendue, elle ne saurait exprimer Dieu; idée d'étendue, elle n'a d'être que celui qu'elle emprunte au corps dont elle est l'idée. Non-seulement elle y est attachée, mais elle en dépend; non-seulement elle lui est unie, mais elle lui est identique. Que ce soit le corps, que ce soit elle qui manque de réalité, peu importe, ils ne font qu'un.

L'immortalité que Spinoza laisse à cette âme ainsi dépouillée de force et de vie, n'est de même qu'une immortalité chimérique, un néant d'immortalité. Écoutons Leibniz : « Il est illusoire de dire que les âmes sont immortelles, parce que les idées sont éternelles, comme si l'on disait que l'âme d'un globe est éternelle, parce que l'idée du corps sphérique l'est en effet. L'âme n'est point une idée, mais la source d'innombrables idées. »

Spinoza dit : « Que l'âme humaine ne peut être entièrement détruite avec le corps, qu'il reste d'elle quelque chose qui est éternel, mais que cela n'a point de relation avec le temps; car il n'attribue à l'âme de durée que pendant la durée du corps. » Dans le Scolie suivant, il ajoute : « Cette idée, qui exprime l'essence du corps sous le caractère de l'éternité, est un mode déterminé de la pensée qui se rapporte à l'essence de l'âme, et qui est nécessairement éternel. » Tout cela est illusoire, reprend Leibniz, qui voit très-bien que c'est une ombre et non pas un être que Spinoza recouvre d'une trompeuse enveloppe d'immortalité.

Ce n'est rien que de dire : « Notre âme est éternelle en tant qu'elle enveloppe le corps sous l'apparence de l'éternité. Elle sera tout aussi bien éternelle, parce qu'elle comprend les vérités éternelles sur le triangle. »

Spinoza anéantit dans l'âme ce qui vit, ce qui se souvient, ce qui dure; et il ne lui laisse pour tout horizon qu'un point de vue sur l'éternité du corps, en tant que la substance de Dieu l'enveloppe.

En faisant entrer dans la notion de l'âme je ne sais quelle idée d'une étendue sans limites, Spinoza croit rendre l'âme éternelle, infinie : il la fait égale au corps. Il obéit à cette pente fatale qui l'entraîne à identifier l'un et l'autre. Et, en effet, dans son système, il y a un enchaînement constant entre la substance pensante et la substance corporelle.

Mais alors la conséquence est facile à tirer.

Si l'on prouve que le corps n'a pas de réalité, il suit de là que l'âme n'en a pas non plus : si la substance corporelle ne peut arriver à une individualité véritable par la figure, la substance pensante n'y saurait arriver non plus par la personne. Si la physique de l'immortalité se trouve fausse, la métaphysique de l'immortalité ne saurait être vraie.

C'est sans doute le plus grand danger du Spinozisme, celui qui dut donner le plus à réfléchir à Leibniz, que cette solidarité mutuelle du corps et de l'âme, soumis dans son système à un même destin. On prouvait autrefois que l'âme était l'unité, en réduisant la matière à zéro. On admirait cette belle économie des êtres ainsi réglés par la Providence, que les corps s'écoulent et que les esprits demeurent. On insistait sur cette impuissance de la matière à s'élever au-dessus de son néant d'origine. On relevait d'autant plus à ses propres yeux la dignité de l'être spirituel.

Spinoza change tout cela : il déclare qu'il y a dans l'étendue, dans la matière, un fonds substantiel, aussi bien que dans la pensée; que si la réalité du corps est égale à zéro, la réalité de l'âme doit être, en vertu de la loi de l'unité de substance, rigoureusement égale à zéro.

Or, dans son système, la réalité du corps est égale à zéro.

Mais, se demande Leibniz, pourquoi Spinoza

a-t-il échoué dans ses tentatives pour établir la réalité du corps?

Le voici : c'est qu'il a prétendu faire servir l'étendue toute seule à constituer le monde. Or, l'étendue toute seule n'explique rien, même quand il s'agit des substances corporelles. On aurait beau la modifier par le mouvement ou la déterminer par la figure, cela n'est point assez ; il y faudrait de plus l'unité qu'elle ne donne pas. Sans nous arrêter à ces êtres infimes, comme les métaux et les pierres, qui, totalement privés de sentiment et de vie, ne paraissent en effet qu'une portion d'étendue et sont cependant déjà quelque chose de plus, parcourons, si vous le voulez, l'échelle entière des êtres, depuis les plantes jusqu'à l'homme; à mesure que l'on s'élève, comme l'unité devient réelle, l'impuissance de l'étendue devient plus grande jusqu'à ce qu'elle éclate dans les merveilles et l'organisation si délicate et si variée de l'homme et des animaux dont la vie dépasse, excède l'étendue, comme l'activité dépasse la passivité.

L'étendue est insuffisante à tout expliquer : mais, si je puis le dire, elle l'est doublement dans le Spinozisme. En effet, Spinoza, comme on sait, en retranche la divisibilité ; or, c'est la divisibilité même de la matière qui, poussée comme il faut, nous dévoile les incomparables richesses de ce monde des infiniment petits que l'étendue enveloppe sans l'expliquer. La divisibilité est le véhicule qui porte à l'infini toutes les puissances de la nature en montrant dans chaque portion de matière le détail incalculable d'êtres, de forces et de vie qu'elle renferme sans le savoir. Elle communique à toute distance les moindres effets ; et les ondes de lumière, arrivant à notre œil avec la prodigieuse vitesse que nous savons, sont une des images qu'on pourrait appliquer à la propagation des effets naturels par l'étendue. En retranchant la divisibilité, Spinoza retranche donc à l'étendue sa qualité principale ; et il est bien certain que dans son système encore moins que dans celui de Descartes, l'étendue ne pourra rendre compte des plus belles propriétés que nous révèle la nature des corps ; surtout elle ne nous dira jamais s'il y a en eux quelque chose d'indestructible et d'ingénérable, un principe de vie. Elle ne fera jamais la physique de l'immortalité.

Il serait bon cependant de faire une telle physique, suivant Leibniz : cela fermerait la bouche aux matérialistes et l'on y pourrait arriver en poussant plus avant que n'a fait Spinoza. C'est ici qu'apparaissent pour la première fois les monades dont Leibniz indique, sans les développer, les plus fécondes applications, au corps, à l'âme, à la nature entière ; applications merveilleuses, fournies par une physique et une géométrie supérieures, et qui ne laissent rien subsister de l'erreur fondamentale du Spinozisme, relative à la substance (1).

L'étendue suppose les corps. Les corps ne supposent-ils pas les esprits, se demande Leibniz ?

Par elle-même l'étendue n'est rien, mais le corps n'est pas davantage. L'existence du monde extérieur, scientifiquement parlant, n'a rien d'effectif et de réel, tant que ne sera pas trouvée la loi qui préside à sa formation.

Considérez une ligne : cette ligne peut être regardée comme composée d'une infinité de points. Les points ne sont pas des parties de la ligne ; car la partie doit être homogène au tout, et le point n'est pas homogène à la ligne. De même on peut considérer le corps comme un agrégé de substances ; mais ces substances ne constituent point

(1) Nous n'avons à nous occuper ici de la Monadologie que dans la mesure où Leibniz l'oppose à Spinoza. Quant aux questions très-graves, aux objections presque insolubles qu'elle soulève, et que confirment les découvertes de la science, et notamment de la cristallographie, on conçoit qu'elles ne peuvent trouver place dans une réfutation de Spinoza par Leibniz. Nous les réservons pour notre grand travail sur la *philosophie de Leibniz* que l'Académie a couronné.

les corps comme des parties, car elles ne lui sont pas homogènes.

Ce parallélisme de la ligne et du corps est poussé plus loin. De même qu'il n'y a aucune portion de la ligne dans laquelle il n'y ait des points à l'infini, de même il n'y a aucune portion de matière dans laquelle il n'y ait une infinité de substances.

La matière est donc composée d'une infinité de substances ; mais ces substances ne sont point ses parties, elles sont ses principes constitutifs, ses requisits immédiats.

Elles ne sont pas ses parties ; on ne saurait donc y arriver par la division de ses parties. Il y faut un calcul qui nous mène aux extrémités de la quantité, non pas à celles que la quantité renferme, mais à celles qui sont par delà la quantité même : à l'indivisible, à l'ingénérable, à l'indestructible.

De telles substances sont les principes constitutifs, les requisits immédiats de la matière : je les appelle monades.

Mais à ce degré d'abstraction les monades peuvent entrer dans un calcul comme infiniment petits, elles ne sauraient contenir un monde. Leibniz les organise : Chacune a une portion de matière qui lui est jointe, car naturellement il n'y a point d'âme sans corps animé, ni de corps animé sans organes. Chaque substance corporelle a donc une âme et un corps organique; et il est très-vrai que c'est la même substance qui pense et qui a une masse étendue qui lui est jointe, mais point du tout que celle-ci la constitue, car on peut très-bien lui ôter tout cela sans que la substance en soit altérée. Le tort de Spinoza n'est donc pas de dire que l'âme exprime le corps, mais c'est de croire que l'âme n'exprime que cela. Ce n'est pas d'attacher une âme à chaque corps, mais c'est de l'identifier avec lui.

On ne saurait trop admirer l'art infini avec lequel Leibniz conduit sa théorie des monades, et la substitue à l'étendue pure de Spinoza. Avec de l'étendue et de la matière, Spinoza a voulu faire un monde, il n'en a composé que la masse informe : *Rudis indigestaque moles*. Prenez au contraire une substance simple avec le peu d'étendue qui lui revient comme dépendance, attachez-y la perception, déjà vous avez tout un monde dans ce point métaphysique; car la perception nous représente dans l'unité le divisible et le matériel répandu dans une foule de corps. Variez les points de vue, multipliez les substances simples : quelle prodigieuse variété va naître aussitôt au sein de la masse étendue! Que sera-ce si vous y attachez non plus la seule perception, mais la pensée; quel monde nouveau, quelles infinités de mondes infinis!

Les caractères des monades nous sont donnés avec leur constitution; elles sont indivisibles, indestructibles et ingénérables.

Forces impalpables qui soutiennent et vivifient le monde, et qui le peuplent de leurs invisibles multitudes, un calcul supérieur nous révèle leur existence : un miracle de Dieu pourrait seul les anéantir. Dans l'ordre de la science, elles sont donc possibles, et indestructibles dans celui de la nature. La mort même qui, par ses transitions soudaines, paraît nous ramener en arrière, peut nous faire aller plus avant. Elle laisse entière dans la nature la force de suivre le cours de ses transformations, de faire ses recrues, et de garder jusque dans ses plus petites parties de quoi revivre et de quoi s'étendre. Que faut-il de plus pour que celle-ci soit indestructible?

Ainsi raisonne l'auteur de la Monadologie.

La conséquence principale que je veux tirer de cette théorie des substances simples contre Spinoza est celle-ci : la matière elle-même n'a de réalité et de vie que par les monades, c'est-à-dire par des substances immatérielles; elle ne saurait donc par elle seule rendre compte d'aucun des phénomènes de la vie animale, et à plus forte raison elle ne saurait nous donner aucune aide pour établir l'indestructibilité ou l'immortalité physique de ces mêmes substances.

Mais le pourrait-elle, Spinoza n'aurait encore rien fait : car il lui resterait à expliquer tout entière cette immortalité supérieure, qui ne convient qu'aux créatures raisonnables. Si Leibniz accorde l'indestructibilité aux substances corporelles, c'est qu'il réserve quelque chose de plus relevé pour les spirituelles. Chez lui, après la physique, vient la métaphysique et la morale de l'immortalité; car enfin, qu'est-ce, après tout, que l'immortalité physique ou indestructibilité des êtres en tant que substance, sinon l'impossibilité du retour au néant, et rien de plus? Mais les esprits requièrent autre chose : ils demandent la possibilité de monter à Dieu, qui constitue leur plus belle prérogative et fait le domaine propre de la philosophie. En philosophie, on juge un système par le prix qu'il attache aux âmes. Dans celui de Spinoza que deviennent-elles? Compagnes du corps, asservies à ses lois, dépouillées de qualités morales, dépossédées de leurs plus nobles priviléges, sans beauté ni laideur, sans vice ni vertu, elles croupissent dans l'inaction, et vont se perdre dans une éternité chimérique, où elles portent avec elles les infirmités de la vieillesse, et les symptômes de l'imbécillité, je veux dire : le défaut de conscience et celui de mémoire, que, suivant Spinoza, la mort leur enlève par un bienfait.

Pour Leibniz, au contraire, l'immortalité de l'âme enveloppe le souvenir et la connaissance de ce que nous sommes, c'est-à-dire la personne humaine. « Je pense, nous dit-il, contrairement à Spinoza, que toujours quelque imagination et quelque mémoire demeurent, et que sans elle, l'âme serait un pur néant. Il ne faut pas croire que la raison existe sans le sentiment ou sans une âme. Une raison, sans imagination ni mémoire, est une conséquence sans prémisses. »

Telle est, sur l'immortalité, la doctrine de nos deux philosophes ; leurs voies sont diverses, leurs mérites ne le sont pas moins. On ne voit pas, en effet, que Spinoza ait rien fait en philosophie pour maintenir la prérogative des esprits et faire éclater leur excellence, prouvée par les préférences de Dieu et par les lois d'amour et de justice, que Leibniz maintient contre lui. On ne voit pas non plus qu'il ait rien fait pour étendre au delà de la vie présente cette force de la pensée qu'il invoque, et cette raison dont Leibniz rétablit les titres et les priviléges niés, méconnus, abolis par le Spinozisme.

En opposition constante sur la nature de l'âme et du corps, et sur les lois qui régissent ces deux mondes, on a voulu du moins nous les montrer d'accord sur celles qui les unissent. Leibniz, on le reconnaît, se sépare de Spinoza par les monades, mais il s'en rapproche par l'harmonie préétablie : on le croit du moins.

C'est un malentendu. L'harmonie préétablie n'étant qu'une suite de la théorie des monades, si la Monadologie a été spécialement dirigée contre le Spinozisme, ainsi qu'on l'accorde généralement, il est impossible que l'harmonie préalable, qui n'en est qu'une suite, soit la confirmation d'un système dont la Monadologie est le renversement.

La réfutation est sur ce point très-explicite : « Les hommes, dit Spinoza, se considèrent dans la nature comme un empire dans un empire : ils ont tort. »

« A mon avis, dit Leibniz, reprenant les expressions mêmes de Spinoza, chaque substance est un empire dans un empire, mais dans un juste concert avec tout le reste. »

A ces textes précis, irrécusables, que pourrait-on

répondre? On veut que l'harmonie préétablie rappelle les deux ordres soi-disant proportionnels, mais réellement identiques de Spinoza, tandis que Leibniz, dans une réfutation de ce dernier, l'oppose résolument au Spinozisme, qui, suivant lui, n'explique pas l'accord ou communication des substances. Et, en effet, là où il n'y a qu'une substance, où peut être l'accord, l'harmonie, le nombre (1)?

Mais, admettons que cette différence radicale entre les deux systèmes ne soit pas suffisante. Allons plus avant, posons nettement la question :

Quel est le véritable sens de l'harmonie préétablie? En quoi peut-elle être rapprochée du système imaginé par Spinoza pour rendre compte de l'accord des êtres, pour expliquer l'union de l'âme et du corps?

L'harmonie préétablie est un système qui accorde aux êtres trop de spontanéité intérieure, et ne leur laisse pas assez d'influence au dehors. Il recourt, en dernier ressort, à la considération de l'infini comme au principe supérieur et réel d'harmonie.

(1) Le système de l'harmonie préétablie a été comparé, en Allemagne, par Mendelssohn et Jacobi; en France, par le seul éditeur et traducteur complet des œuvres de Spinoza, avec le système imaginé par ce dernier pour rendre compte de l'accord et de l'ensemble des êtres. Je réclame avec Lessing contre ce rapprochement forcé.

Je ne reviendrai pas sur la question de spontanéité intérieure. C'est le caractère propre des monades. C'est afin de mieux l'établir que Leibniz pousse la réaction contre le Spinozisme jusqu'à l'invraisemblance et au paradoxe, qu'il va jusqu'à réhabiliter, sous le nom de ses monades, les formes substantielles des scolastiques, sans se soucier des clameurs que cela peut soulever dans le camp des Cartésiens. Sur ce point, un abîme sépare Spinoza de Leibniz.

Mais non-seulement Leibniz maintient la spontanéité intérieure de chaque monade, il veut de plus que l'accord de ces monades entre elles soit également *spontané*, c'est-à-dire qu'il naisse du fond d'activité propre à chacune. Le principe interne des changements de la monade est aussi un principe d'harmonie. Car c'est une concentration de l'univers en un, une représentation du divisible dans l'indivisible, la réalisation même des conditions de l'harmonie : l'unité dans la variété. Par la même force dont elle est douée pour agir, la monade est réglée : elle reçoit avec son efficacité propre des délinéations primitives et des limitations originelles conformes à sa nature d'être créé. La portion de matière qui lui est affectée comme élément de passivité la fait sympathiser avec l'Univers et l'empêche de se soustraire à l'ordre général. Une loi que ne viole jamais la nature et que l'on pourrait appeler l'art des transitions insensibles, la fait passer doucement d'un état à un autre et met de la continuité dans la série de ses opérations, en sorte que tout lui arrive avec ordre et que tout s'enchaîne dans ses états.

Assurément un tel système respire la tendance à l'harmonie, et bien qu'il y ait une variété infinie, il y a de l'unité.

Au lieu de cette sorte d'accord spontané qui saisit l'âme et le corps, au lieu de cette richesse d'organisation qui, sans cesse ramenée sur elle-même comme un sang qui circule, se déploie et se tempère avec ordre, au lieu de ces limites salutaires qui nous rappellent notre dépendance, que trouvons-nous chez Spinoza ?

Deux ordres simultanés, nous dit-il, l'un d'actions et de passions des âmes, l'autre d'actions et de passions des corps (1). C'est-à-dire, à première vue, le dualisme cartésien, qui consiste à mettre d'un côté la pensée et de l'autre l'étendue, à distinguer l'esprit et la matière.

Mais je ne ferai pas difficulté d'avouer que dans

---

(1) Prop. XI, p. 3.

le système de Spinoza, ce dualisme n'est qu'apparent, et que de fait il le supprime. En effet, d'après la Prop. VII, p. 2, ces deux ordres simultanés ne sont que deux suites de la nature divine, qui au fond sont identiquement les mêmes, quoique exprimées de deux manières.

Chez Spinoza, il y a donc bien plus que l'accord, il y a l'unité de l'âme et du corps.

Mais ce n'est pas la seule différence. Cet accord de l'un et de l'autre est spontané chez Leibniz : leur union dans le Spinozisme est forcée. Chez Spinoza elle exclut la variété, chez Leibniz elle l'exprime. Le sentiment des limites naturelles à la créature, conservé par le second comme un principe de distinction, est méconnu par le premier, qui se jette dans le vague et l'illimité. Un mécanisme brut prend la place de cette organisation variée, qui atteste un si grand art. Spinoza efface les délinéations primitives, les traces d'ordre et de sagesse, et les remplace par des rouages, dont l'effet comme la cause est machinal.

Les monades de Leibniz ont le sentiment de l'harmonie, mais rien dans la substance unique de Spinoza ne peut expliquer pourquoi ses modes se succèdent.

On a voulu voir cependant chez Spinoza une

sorte d'harmonie préétablie que je vais dire, et qui tient à la grossière imagination que voici : « Toute la chaîne des étendues forme un seul individu appelé nature. Toute la chaîne des pensées lui forme une âme qui s'appelle l'âme du monde. Il y a donc un accord mutuel des parties de l'étendue et des parties de l'entendement infini, les âmes et les corps. »

Or, et c'est là sans doute la preuve la plus convaincante contre le rapprochement forcé des deux systèmes, cette hypothèse est ruinée de fond en comble par la plus simple application de la monadologie. En effet, ni les corps ne sont pas que des parties de l'étendue, ni les âmes ne sont pas que des parties de la pensée, à moins que vous ne domptiez d'abord la résistance infinie de la multitude des monades que Leibniz a partout semées pour être l'écueil du Spinozisme. On peut bien localiser l'âme du monde dans un entendement infini, quand on fait des âmes les modes fugitifs de la pensée. Mais les monades offrent une résistance indomptable à cette violente assimilation.

L'harmonie préétablie qui développe dans les êtres la spontanéité du dedans, restreint, disons

---

(1) Voir Spinoza, trad. française, partie 2, Schol. du lemme VII.

mieux, annule leur influence au dehors. C'est une suite de la notion que Leibniz a de la substance. Pour lui, chaque substance est si bien un être proprement dit, organisé comme dans un petit monde à part, avec le pouvoir de se suffire et de tirer de sa nature la suite de ses événements, qu'il nie positivement l'action d'une substance sur une autre. Une telle influence, nous dit-il, *physique ou réelle*, dans la rigueur des termes, outre qu'elle est inexplicable, est inutile. C'était l'erreur de son siècle, partagée par Descartes, de la croire inexplicable, mais c'est un trait propre au génie de Leibniz de la supposer inutile.

Au xviie siècle, par *influence physique* on entendait quelque chose d'analogue à la transmission des espèces intentionnelles voiturées dans les sens, ou bien encore comme si un courant parti du corps fût venu traverser l'âme. A quoi Leibniz objecte avec esprit que ses monades n'ont point de fenêtres, qu'elles ne laissent rien entrer ni sortir.

Pour se passer d'une telle influence et la croire inutile, il fallait que Leibniz eût une foi bien robuste dans la virtualité de ses monades, ou qu'il eût bien peur de les laisser pénétrer par des influences étrangères.

Cette crainte, comme on le verra bientôt, n'était pas sans fondement.

Mais Spinoza, nous dit-on, pas plus que Leibniz, pas plus que le maître commun, Descartes, n'admettait cet influx physique d'une substance sur une autre.

Sans doute Spinoza n'admettait pas une telle influence, il ne pouvait pas l'admettre, mais il faut savoir pourquoi ?

Le Spinozisme est un système qui prétend tout expliquer par l'action de Dieu. Spinoza comparait Dieu à un potier qui tient dans ses mains la boue dont il pétrit des vases, les uns pour la gloire et les autres pour l'infamie. Ces vases tout ouverts, qui laissent couler la liqueur vile ou précieuse dont Dieu les emplit, sont une belle image de ce que deviennent les âmes et les corps dans un système qui leur enlève toute action et n'en laisse qu'à Dieu seul.

Voici maintenant ce qu'il faut bien comprendre. Pour Spinoza, la puissance d'agir en Dieu, c'est l'étendue. Dieu agit, c'est-à-dire il s'étend, et son étendue répète indéfiniment son action suivant le cours interrompu des choses.

Les choses sont les modes de cette action, de même que les idées sont les modes de la pensée. Il n'y a que des modes pour exprimer l'action de Dieu, ce qu'on rend d'une manière triviale, mais vraie, en disant que c'est Dieu qui a fait tout.

Mais alors, cet influx physique, rejeté tout à l'heure par Spinoza comme une incroyable grossièreté des scolastiques, quand il s'agit d'expliquer l'union de l'âme et du corps, Spinoza ne vient-il pas à son insu de l'attribuer à Dieu, agissant sur le monde? Qu'est-ce, en effet, que l'action de Dieu dans son système, si ce n'est une véritable influence physique de la divinité? Non-seulement cette action s'étend aux choses, mais elle s'étend dans les choses. Ce n'est pas seulement par l'efficacité de sa puissance qu'il agit : il y a transfusion de ses réalités dans la nature.

Le caractère propre d'une telle influence, c'est que la substance perd nécessairement quelque chose d'elle-même, qu'elle s'altère en se communiquant. Elle quitte une forme, et en prend une autre. Elle change, disons mieux, elle se dénature.

Il le faut bien, puisque Spinoza fait entrer Dieu dans la nature des choses comme un élément, puisqu'il le fait influer sur elles physiquement avec une telle force, que toute autre influence devient superflue.

Cette influence physique de la divinité dans la

nature est telle, suivant Spinoza, qu'il prétend expliquer par elle la connaissance que l'âme a de son corps et de tous les autres. Une âme qui perçoit un corps, c'est Dieu qui met dans l'âme la connaissance de ce corps. Malebranche y voyait une sorte d'opération divine, surnaturelle, presque miraculeuse. Spinoza y voit, au contraire, une opération divine, naturelle ou physique. Voici comment : Dieu entre dans la nature de l'âme par les idées : en tant qu'il la constitue et qu'il s'exprime par cette nature, il a des idées : donc l'âme perçoit (1).

Mais ce même Dieu, qui entre dans la nature de l'âme par les idées, pénètre la nature du corps par l'étendue. Il se fait sensible, il prend la forme corporelle, pour approcher de l'âme ce qu'il faut qu'elle perçoive de l'univers matériel ; il devient la matière de ses perceptions. Etant dans l'âme par la pensée, et dans le corps par l'étendue, Dieu est tout à la fois le sujet et l'objet de la connaissance, le miroir et l'image de l'Univers. Quand il y a perception du corps par l'âme, c'est le Dieu étendu qui se fait sensible au Dieu pensant qui est en nous. Ce sont les deux parties d'un même Dieu qui se rejoignent.

(1) Coroll. Prop. XI et Prop. XII, XIII, p. 2.

Cette persuasion où était Spinoza, que Dieu influe physiquement sur nos âmes et sur nos corps, lui donnait l'assurance qu'il y a dans les choses de l'ordre et de l'enchaînement. On voit même qu'il rêvait un ordre universel découlant des propriétés générales des choses, facilement explicable suivant les seules lois de la mécanique et de la géométrie. Il avait cru trouver dans les âmes et dans les corps d'égales traces d'une activité fatale et d'une nécessité mathématique. En faisant des premières les modes de la pensée, et des seconds les modes de l'étendue, il obéissait à cette tendance qui le portait à les identifier et qu'il prenait pour le moyen de les unir. Spinoza croyait arriver sûrement par la voie du panthéisme à la solution du problème de l'accord et de l'ensemble des êtres.

Spinoza se trompait : l'influence outrée de Dieu sur les choses ne vaut rien pour le monde. L'ordre et l'arrangement de l'Univers, ce qu'on appelle le Cosmos, ne saurait être produit par une série d'effets mécaniques fatalement enchaînés les uns aux autres. Le règne des causes efficientes ne suffit pas ; il faut de plus celui des causes finales, où la morale est détruite. Les instincts, les penchants, les désirs révèlent de hautes tendances, et ne sauraient ployer sous la force. A un corps agissant suivant les lois du mouvement, répond une âme agissant suivant les lois du bien, et à tout ordre physique un ordre moral correspondant. C'est précisément dans l'accord de ces deux règnes que consiste l'ordre et l'harmonie. Supprimer l'un des deux, comme fait Spinoza, c'est mutiler le monde et ne point résoudre le problème.

Leibniz le lui fait sentir en termes forts et mesurés dans la réfutation. Il ramène contre lui les règles de la bonté et de la perfection dans la nature des choses : Si la nature est pleine des effets de la puissance, elle ne l'est pas moins de ceux de la bonté de son auteur. L'opinion contraire détruit tout l'amour de Dieu et toute sa gloire.

On n'a pas toujours bien vu le caractère de cette critique pénétrante et subtile, qui, tout en ayant l'air d'accorder beaucoup au mécanisme et à la physique, finit par les résoudre dans la métaphysique, montrant que les principes mêmes de la mécanique corporelle sont concentrés dans les âmes et y prennent leur source, cherchant la loi du changement des êtres dans les raisons idéales qui ont dû déterminer l'auteur des choses, s'élevant enfin à un ordre de considérations supérieures où entre nécessairement l'infini.

Ceux qui ont cru découvrir des traces de Spinozisme dans l'harmonie préétablie, se sont donc trompés (1).

La considération de l'infini que Leibniz emploie comme principe supérieur d'harmonie est un élément nouveau et qui lui appartient en propre. C'est une des applications de son calcul de l'infini à la nature. C'est l'élimination, par les monades, du mécanisme exclu du premier commencement des choses. Jamais Spinoza ne s'est élevé à de telles considérations. Il a employé la voie d'une influence physique de la divinité et le pouvoir de la nature. Il a mis l'action au-dessus ou en dehors des êtres, jamais au dedans. Il croyait régler une fois

---

(1) Je n'ai rien à retrancher de ce jugement après un nouvel examen. J'ai fait ailleurs l'histoire de l'harmonie préétablie et des principaux amendements qu'on y a introduits (Mémoire couronné par l'Institut sur la philosophie de Leibniz). Comme système, je ne la crois pas guérissable, mais je la crois utile comme méthode philosophique impliquant toutes les grandes vérités de cet ordre découvertes au xvii° siècle. Je sais bien que récemment M. Saisset a essayé de faire du Leibnizianisme deux parts : la Monadologie et l'harmonie préétablie; d'accepter l'une et de rejeter l'autre. Cet éclectisme habile ne peut subir l'épreuve d'une discussion approfondie : il tombe devant ce fait bien simple, que la monade est elle-même une harmonie préétablie comme le monde dont elle est le miroir. J'ai tâché de mettre ce fait en lumière dans mon Mémoire couronné par l'Institut, qui est sous presse. J'y renvoie les curieux de philosophie et d'harmonie préétablie.

pour toutes l'empire des changements, il n'a fait qu'étendre au delà des bornes celui de la passivité.

Nous arrivons au bout de la réfutation de Spinoza par Leibniz, nous croyons n'avoir rien omis d'essentiel; plus de vingt propositions tirées de l'Ethique ont été analysées, censurées; c'est assurément plus qu'il ne faut pour que la réfutation soit complète, si le mot de Fénelon est vrai, que dès qu'on entame ce système par quelque endroit, on en rompt toute la prétendue chaîne.

Leibniz nous apprend dans la Théodicée (1) qu'à son retour de France par l'Angleterre et la Hollande, il vit Spinoza et qu'il s'entretint avec lui. Ce voyage à La Haye, où résidait alors Spinoza, et les entretiens qui en ont été la suite, avaient échappé aux biographes de Spinoza et à ceux de Leibniz, excepté M. Guhrauer; mais il faut avouer que Leibniz en parle dans sa Théodicée en des termes qui paraîtraient devoir ôter toute valeur à ce fait d'une entrevue des deux philosophes. Si la conversation avait pris et gardé le tour purement anecdotique que semble insinuer Leibniz, il n'y aurait pas lieu d'y attacher un grand prix ; mais Leib-

---

(1) Théodicée, 3ᵉ p., p. 613.

niz n'a pas tout dit dans la Théodicée : Spinoza était, au xvııe siècle, un philosophe compromettant, et c'était déjà pour beaucoup être suspect que de l'avoir visité.

Leibniz, toujours prudent, quelquefois même un peu diplomate, savait donner aux choses un tour fin auquel on se laisse prendre. « Je vis M. de la Court aussi bien que Spinoza : j'appris d'eux quelques bonnes anecdotes sur les affaires de ce temps-ci. » Mais si l'on croit que l'entretien ne fut qu'anecdotique et plaisant, on se trompe : Leibnitz s'est chargé lui-même de nous apprendre qu'il fut aussi et surtout philosophique, par une confidence inattendue extraite de quelques notes informes écrites de sa main, où il s'est montré plus explicite, et qui jettent quelque lumière sur l'histoire et le commerce de leurs philosophies.

« J'ay passé quelques heures après dîner avec Spinoza (1); il me dit qu'il avait esté porté, le jour des massacres de MM. de Witt, de sortir la nuit et d'afficher quelque part, proche du lieu (des massacres), un papier où il y aurait *ultimi barbaro-*

---

(1) Nous avons retrouvé cette note de la main de Leibniz parmi des papiers où on ne s'attendrait guère à la rencontrer. Elle est inédite, ainsi que le manuscrit que nous publions à la suite de ce mémoire.

rum. Mais son hôte luy avait fermé la maison pour l'empêcher de sortir, car il se serait exposé à être déchiré. »

« Spinoza ne voyait pas bien les défauts des règles du mouvement de M. Descartes, il fut surpris quand je commençai de lui montrer qu'elles violaient l'égalité de la cause et de l'effet. »

Ainsi, cette note nous montre Leibniz faisant toucher du doigt à Spinoza, qui a quelque peine à comprendre, le côté faible du Cartésianisme, sur un point où Leibniz l'avait déjà entamé. Mais alors, si Spinoza écrit plus tard : « Quant aux principes de M. Descartes, je les trouve absurdes, » il faut bien reconnaître que ce n'est pas de lui-même qu'il en a découvert la faiblesse, et que Leibniz y est du moins pour quelque chose.

Spinoza manquait de critique, et à défaut de la note manuscrite de Leibniz, ses œuvres nous en fourniraient la preuve. Dans ses principes, démontrés à la manière géométrique, il suit assez aveuglément Descartes, et il ne le comprend pas toujours. Notamment, il n'a jamais compris le *Cogito, ergo sum.* Dans ses lettres à Oldenburg, il veut le critiquer, et ce qu'il dit est misérable. Descartes s'est éloigné de la première cause et de l'origine de toutes choses. Il a ignoré la véritable nature humaine, il n'a pas saisi la véritable cause de l'erreur : quoi de plus vague qu'une pareille critique?

Plus tard, et mieux informé (en 1676), un an avant sa mort, trois ans après l'entretien avec Leibniz, dans une lettre à un inconnu, le ton change, Spinoza met le doigt sur la difficulté : « Vous pensez qu'il est difficile, en partant de la notion de l'étendue, telle que Descartes la conçoit, c'est-à-dire comme une masse en repos, de démontrer l'existence des corps. Pour moi, je ne dis pas seulement que cela est difficile, je dis que cela est impossible. » On le voit, Spinoza avait fait son profit des entretiens avec Leibniz.

Par malheur, il n'en a profité qu'à demi, et même à cette époque il est incertain et vacillant. Quand on l'interroge, il répond d'une manière évasive, et la mort le surprend annonçant à ses disciples et à ses admirateurs une physique générale qu'il n'a point faite et l'explication de la vraie nature du mouvement, qu'on chercherait vainement dans ses œuvres (1).

La question étant d'importance, nous tâcherons d'éclairer ce point, fort obscur pour les derniers éditeurs de Spinoza.

(1) Voir Lettres LXIII et LXIV.

Leibniz, qui s'est beaucoup occupé des côtés faibles du Cartésianisme, a montré qu'il n'avait pas suffisamment connu ce qu'il appelle les grandes lois du mouvement.

Mais ce qui est encore plus précis, et ce qui tombe en plein sur Spinoza, il a montré que l'erreur du Cartésianisme, sur ce point comme sur tous ceux qui intéressent le monde corporel, était d'avoir voulu tout expliquer par l'étendue.

Si ce reproche s'applique à Descartes, il s'adresse bien plus à Spinoza. Spinoza prétend recourir à la notion de l'étendue toute nue pour tout expliquer dans les corps. Le mouvement, qui est un mode de l'étendue, doit l'y aider. Et, en effet, il reproche très-fort à Descartes d'avoir mis la nature dans le repos. On conçoit fort bien qu'il lui faut du mouvement. Mais s'il lui faut un principe de mouvement, qu'il cherche dans l'étendue pour rendre compte des modifications de la matière, il lui faut aussi un principe conservateur de la même quantité de mouvement afin que le monde soit réglé d'une manière immuable, éternelle. Il emprunte donc aux Cartésiens, et non pas à Leibniz, comme on l'a cru à tort, la maxime que la même quantité de mouvement et de repos se conserve. Et, dans une lettre à Oldenburg, il s'en sert pour établir l'accord des parties de l'univers. D'autre part, il rejette le vide et les atomes.

Jusqu'ici, Spinoza ne fait qu'emprunter à Descartes, et déjà cependant l'altération du Cartésianisme est profonde (1). En effet, quand Descartes propose son hypothèse des tourbillons, il prend comme accordées deux choses : la divisibilité et le mouvement de la matière. Comme la Genèse, il suppose une division initiale faite par Dieu lui-même au sein de la masse étendue. Spinoza, plus hardi que son maître, prétend s'en passer, il ne garde que le mouvement. A l'en croire, la divisibilité, aussi bien que l'idée du vide, naît d'une fausse manière de considérer la quantité. Qu'est-ce, en effet, que le vide, sinon la quantité séparée de la substance? et qu'est-ce que la divisibilité, sinon la quantité prise à part de la substance, d'une manière abstraite et superficielle? Si la divisibilité de la matière n'est qu'une faiblesse de l'esprit, il faut donc s'élever au-dessus du divisible, à l'indivisible, c'est-à-dire à l'idée de cet univers pris comme un tout indivis et complet, sans distinction réelle. D'où il suit que la vraie science consiste à effacer de plus en plus les distinctions modales afin de revenir au fond commun et identique : la substance

---

(1) V. Sch. Prop. XV, p. 1, et Lett. 25 sur l'Infini.

ou la matière. Tel est le point de départ de Spinoza.

J'ai déjà dit ce que pensait Leibniz de l'étendue une et indivisible de Spinoza, et de cette synthèse chimérique de la matière. Les sciences positives de nos jours y ont percé par des divisions fécondes qui accusent mieux que tous les raisonnements des distinctions réelles au sein de la masse étendue.

Mais, il y a plus : le mouvement lui-même que Spinoza conserve lui échappe comme l'étendue lui échappait naguère. Et, sur ce point encore, les savantes analyses de Leibniz lui ôtent toute ressource.

Spinoza veut tout expliquer mécaniquement, et Leibniz pousse les explications mécaniques encore plus loin que Descartes. Il prend cette matière première, cette passivité pure d'où Spinoza a voulu déduire les corps et leurs mouvements, et il la montre impuissante non-seulement à commencer un mouvement nouveau, mais même à changer la direction du mouvement reçu : Il y faut tout expliquer mécaniquement, nous dit-il, car ce sont là des machines, et pour qu'il s'y produise un mouvement naturel il y faut le tact. « Un corps n'est jamais mû naturellement que par un autre qui le pousse en le touchant. »

(1) Dut. II, p. 150.

Spinoza doit être satisfait. Mais attendons la suite : de l'impuissance de la matière première à rien changer au mouvement, que conclut Leibniz? C'est que la matière ne suffit pas, et que le mouvement par lui-même ne suffit pas non plus à rien expliquer.

Analysez le mouvement, dit Leibniz, réduisez-le à ses éléments les plus simples : qu'y trouverez-vous de réel ? Si vous ne considérez que ce qu'il comprend précisément et formellement, c'est-à-dire un changement de place, sa réalité est bien petite, et cette notion a très-certainement quelque chose d'imaginaire, et qui n'est pas entièrement fondé dans la nature des choses.

Pour en faire quelque chose de réel, il y faut de plus un détail de ce qui change et la force de changer, et, en dernière analyse, la réalité du mouvement est dans un état momentané du corps, qui, ne pouvant pas contenir de mouvement (car le mouvement demande du temps), ne laisse pas de renfermer de la force, et qui consiste même dans la force faisant effort pour changer (1). Le mouvement suppose donc la force, ou cause prochaine du changement. C'est elle qui a le plus de réalité : elle est fondée dans

---

(1) Dut. II, p. 42.

un sujet, par elle on peut connaître à qui le mouvement appartient.

Cette force est différente du mouvement : c'est elle qui se conserve égale dans le monde, et non pas le mouvement, comme le disent les Cartésiens, pour avoir considéré l'étendue, abstraction faite de la force.

La notion de la force manque à Spinoza : s'il l'eût comprise, c'en était fait du Spinozisme, car il lui fallait renoncer à son système et accepter celui de son adversaire.

Mais on sent que Spinoza ne pouvait pas davantage arriver aux véritables lois du mouvement, puisqu'il n'avait pas même la véritable notion du mouvement et qu'il manquait d'êtres susceptibles de ces lois. Nous avons vu Leibniz lui démontrer la fausseté de la plupart de celles inventées par Descartes : Spinoza, dans une lettre à Oldenburg (1), reconnaît que la sixième lui semble fausse; mais d'ailleurs il ne paraît pas avoir de vues d'ensemble à cet égard; et, en somme, il suit assez aveuglément son maître.

Leibniz, en l'entreprenant sur ce sujet, avait évidemment pour but de détromper le Cartésien. Il ne savait pas qu'il renversait le Spinozisme encore à

(1) Lettre XV, p. 441.

naître, et, cependant, il l'attaquait par la base.

« Spinoza ne voyait pas bien le défaut des règles du mouvement de M. Descartes, nous dit-il, il fut surpris quand je commençay de lui montrer qu'elles violaient l'égalité de la cause et de l'effet. »

Spinoza voyait si peu le défaut de ces règles appliquées à l'univers matériel, que, suivant une pratique qui lui est familière, il les transporte en pleine métaphysique, et qu'il règle, d'après ces lois purement physiques, le développement de Dieu dans l'ordre de la pensée. On ne s'est pas encore avisé de cette incroyable et dernière transformation que Spinoza fait subir à la physique cartésienne, appelée à de plus hauts emplois. Elle mérite quelque attention.

On se rappelle que Spinoza, en Théodicée, pressé de tous côtés par les difficultés qui l'assiégent au sujet de la création, se dégage, par une transformation soudaine, inattendue, du vieux principe matérialiste : « *Ex nihilo nihil,* » en un axiome évident par lui-même, se proclamant loi de la raison et s'imposant à titre de vérité éternelle.

Cette transformation n'était rien cependant au prix de celle que Spinoza préparait dans le premier livre de l'Ethique, et qu'il achève dans les suivants. Transformation radicale cette fois, et qui n'allait pas moins qu'à changer la face de la science. Car il s'agissait, pour écarter les difficultés sans cesse renaissantes de la métaphysique, d'emprunter à la physique cartésienne son principe et ses lois du mouvement qui règlent l'univers matériel, et de les transporter dans le monde des âmes, afin que, soumises aux mêmes lois, les âmes gardassent le même ordre que les corps.

De la sorte, Dieu qui fait tout dans les corps, faisant tout dans les âmes, il aurait bien fallu que tout marchât suivant ses lois, et qu'un accord forcé s'établît entre les modes de la pensée et les modes de l'étendue.

La physique cartésienne, il faut l'avouer, offrait de merveilleuses facilités pour une telle entreprise. On conçoit que cette idée d'une matière homogène partout également répandue, qui ne se diversifie dans les corps que par le mouvement, idée qui fait le fondement de la physique de Descartes, ait séduit Spinoza. Un monde nous est donné d'une simplicité admirable, qui n'a besoin pour être diversifié de mille manières que des seules lois du mouvement. Pour le conserver, Dieu n'a qu'à y maintenir toujours une égale quantité de mouvement et un même rapport du mouvement au repos.

Cette manière d'ordonner l'empire passif de la

matière, suivant les lois générales et immuables de la géométrie, devait plaire au génie de Spinoza. Et, en effet, nous voyons dans une lettre à Oldenburg qu'il accepte pleinement et aveuglément la loi de Descartes.

Mais, pour lui, cette loi même n'est qu'un cas particulier d'une loi infiniment plus générale et qui s'applique, non-seulement aux corps, mais aux esprits. La loi de Descartes : « que la même quantité de mouvement et de repos se conserve dans le monde, » devient à ses yeux un axiome très-clair et très-vrai, même en métaphysique.

Descartes avait dit : « C'est Dieu seul qui peut conserver dans le monde le même rapport du mouvement au repos. »

Spinoza dit : « C'est Dieu seul qui peut conserver dans le monde le même rapport de la pensée à l'étendue, de l'esprit à la matière, du corps à l'âme. »

Cette loi est une règle universelle, vraie pour les âmes comme elle l'est pour les corps : c'est la première loi de la physique générale, imaginée par Spinoza.

Descartes a bien vu que Dieu est indifférent aux déterminations de l'étendue, à savoir le mouvement et le repos, ce qui fait qu'il les conserve effectivement dans le même rapport.

Mais Descartes n'a point vu que Dieu n'est pas moins indifférent aux déterminations de la pensée, à savoir l'entendement et la volonté, et que le rapport est le même (1).

Cela ne peut être autrement, car il entre dans la constitution de la substance de Dieu la même quantité de pensée et d'étendue.

Il est donc naturel que les modes de la substance, aussi bien les esprits que les corps, gardent le même rapport.

C'est ce que Spinoza exprime ainsi : « La pensée ne peut concevoir plus que la nature ne peu fournir. »

« La nature rend en étendue ce qu'elle rend en pensée. »

« Le rapport de la pensée à l'étendue, ou de l'étendue à la pensée, ne varie pas dans le monde. »

Cette loi générale comprend tous les cas.

Comme étendue, le monde se règle par la loi de Descartes : « Dieu conserve la même quantité de mouvement et de repos. »

Comme pensée, il se règle par la loi de Spinoza :

---

(1) Eth. I, Prop. XXXII, Coroll. La volonté et l'intelligence sont dans le même rapport avec la nature de Dieu que le mouvement et le repos. Cf. p. 5, Prop. XXXIX.

Dieu conserve le même rapport de l'intelligence à la volonté. »

L'intelligence et la volonté sont le mouvement et le repos des esprits : elles ont besoin, pour exister et pour agir d'une certaine façon, que Dieu les y détermine, absolument comme les corps pour se mouvoir et rester en repos.

On aurait peine à croire que Spinoza ait poussé si loin cette grossière application de la physique cartésienne, s'il n'avait pris soin lui-même de lever tous les doutes et de multiplier les preuves. Il ne se contente pas, en effet, de prendre à Descartes la première de ses lois du mouvement, n° 30 de ses principes, il lui prend aussi la suivante, n° 37, que Descartes exprime ainsi : « Chaque chose, autant qu'il est en elle, persévère toujours dans le même état ; » loi très-belle et incontestable, dit Leibniz, que Galilée, Gassendi et bien d'autres ont observée.

Seulement, ce dont ni Galilée, ni Gassendi, ni Descartes ne se fussent avisés, Spinoza la transporte de même en métaphysique et l'applique à la volonté, qu'il définit l'effort de chaque chose pour persévérer dans son être. Et comme la volonté n'est rien de distinct, suivant lui (1), des volitions particulières par lesquelles on affirme ou l'on nie

(1) Prop. XLVII et XLIX, p. 2.

quelque chose, il l'applique aux affirmations et aux négations. Ainsi, l'affirmation n'est que l'effort de la raison pour persévérer dans son être, c'est-à-dire pour conserver ses idées. Enfin, comme la volonté et l'entendement sont une seule et même chose, c'est-à-dire des déterminations de la pensée, de même que le mouvement et le repos sont des déterminations de l'étendue, cette loi s'applique à l'entendement comme à la volonté.

Mais cette loi, observée par Descartes dans l'univers matériel, n'est que la loi de l'inertie naturelle des corps. Suivant Descartes, les corps reçoivent une force pour résister aussi bien que pour agir. L'une et l'autre sont l'effet de la volonté divine qui investit la matière passive d'un pouvoir de résistance. Suivant Spinoza, il y a une inertie naturelle des âmes aussi bien que des corps. Et la loi de Descartes n'est pas moins applicable aux unes qu'aux autres (1).

On pourrait suivre plus loin ces étonnants rapports. La physique du mouvement, imaginée par Descartes, a deux parties. Nous n'avons indiqué que quelques emprunts faits à la première par Spi-

---

(1) P. 3, Prop. VII, VIII, et IX. Voir aussi p. 1, Prop. XXXI et XXXII, et p. 2, Prop. XLVIII, XLIX.

noza. Ce n'est pas ici le lieu de suivre son maître dans les détails des règles inventées pour la communication du mouvement des corps, il suffira de dire que les points de contact ne sont pas moins évidents. Spinoza rend compte des changements dans les âmes, comme s'il s'agissait de choc et de rejaillissement, de vitesse ou de tardivité. L'homme qui se croit libre, nous l'avons vu, est soumis à l'impulsion des causes extérieures, comme la pierre du chemin qui reçoit un choc et qui se meut. Je ne m'étonne plus, après cela, qu'il entreprenne de déduire la série des pensées de celle des mouvements corporels qui lui correspondent. Je ne m'étonne plus de la manière dont il définit les mots d'*agir* et de *pâtir* (1).

Les actions sont les mouvements dont nous sommes causes, et les passions ceux que nous subissons. Tout cela se communique dans des proportions déterminées : la variété des déterminations n'empêche pas que la quantité d'activité ou de passivité dans les âmes reste toujours égale. Ces déterminations mêmes s'effectuent suivant les lois de la physique cartésienne.

La physique cartésienne tend à renouveler la méde-

---

(1) Eth. Déf. II et Prop I, p. 3.

cine : pourquoi ne renouvellerait-elle pas la morale ?

La loi de l'égale quantité de mouvement et de repos appliquée au corps en détermine l'équilibre ou la santé.

Cette même loi, appliquée aux âmes, en détermine aussi l'équilibre ou la santé. Il n'est pas plus en notre pouvoir de nous procurer celle de l'esprit que celle du corps (1).

Toutes deux dépendent des lois mécaniques observées par Descartes (2).

Spinoza triomphe d'avoir découvert cette nouvelle application des lois de la physique aux esprits : « Les anciens, nous dit-il, n'ont jamais, que je sache, conçu comme nous l'avons fait ici, l'âme agissant selon des lois déterminées (3). »

L'énoncé de ces lois et leurs applications remplissent tout le second livre de l'Ethique, et presque en entier les trois autres.

La Proposition VII de la 2ᵉ partie énonce le principe en termes exprès : « L'ordre et la connexion des idées est identique à l'ordre et à la connexion des choses. » C'est cette même pensée qui soutient les démonstrations des Propositions IX, X et XII.

(1) Tract. polit. C. II, p. 471.
(2) De Emend. Intel., p. 361.
(3) De Emend. Intel., p. 383.

La XIIIᵉ, jointe à la VIIᵉ, contient le principe de l'identité de l'âme et du corps, d'où suit bien clairement cette conséquence que les lois du corps sont applicables aux esprits. Les XIV, XV, XIX, XXI y renvoient. Toute la Théorie de la volonté, Part. II, Prop. XXXI et XXXII, Part. II, Prop. XLVIII et XLIX, s'y rapporte. Le mécanisme des passions est expliqué suivant ce principe (1). C'est sur lui que reposent les deux tiers de l'Ethique.

Ce n'est donc pas un rapport fortuit et sans conséquence que celui que nous signalons ici entre les lois du mouvement des corps observées par Descartes, et les lois régulatrices du mouvement des âmes appliquées par Spinoza.

Spinoza a transporté en pleine connaissance de cause la loi des corps aux esprits.

C'est une des entreprises les plus insensées, mais les plus violentes de la physique sur la métaphysique. Et je ne m'étonne plus que Spinoza ait été surpris, quand Leibniz, dans les entretiens de La Haye, entreprit de lui démontrer que la physique cartésienne était fausse. Il avait passé sa vie à l'étendre aux âmes.

Nous n'avons pas l'intention de suivre Leibniz, essayant de montrer à Spinoza la fausseté de ses

---

(1) Voir p. 3, Prop. VI, VII, VIII, et surtout la Proposition XI.

règles. Nous avons plus haut rappelé l'essentiel, mais on ne saurait trop insister sur ce qu'il y a de piquant et d'imprévu dans cet entretien des deux philosophes et surtout dans le choix du sujet : Leibniz venant visiter Spinoza dans sa chambre d'auberge, et passant à point nommé par La Haye pour lui apprendre qu'on peut aller plus loin que Descartes en physique : Spinoza, étonné, surpris, par la venue de son hôte, mais encore bien plus par le sans-gêne avec lequel il retouche et il corrige les lois du mouvement de M. Descartes : Leibniz insistant et essayant de lui démontrer qu'elles violent l'égalité de la cause et de l'effet.

Ce principe que Leibniz met en avant étonne Spinoza ; on le conçoit sans peine. A première vue, on n'en saisit pas l'à-propos, et l'on se demande ce que Leibniz veut dire. Ses lettres à l'Hôpital nous l'apprennent : « C'est le fondement de ma Dynamique, lui écrit-il. » En effet, sur ce principe Leibniz élève une science où l'étendue n'est rien, où la force est tout.

Mais c'est aussi le renversement de la physique de Spinoza : et par là Leibniz, conversant avec lui, a quelque chose de l'ironie de Socrate s'entretenant avec Parménide. Qu'est-ce, en effet, que ce principe nouveau que Leibniz oppose aux Cartésiens et au plus déçu de tous, à Spinoza. C'est un principe qui n'a rien de cette nécessité métaphysique que Spinoza cherche partout. Leibniz, au contraire, nous l'annonce d'un air modeste, comme une règle qu'il s'est faite faute de mieux, en attendant. C'est, dit-il, une maxime subalterne, une loi conforme à la sagesse de Dieu et fournie par l'observation de la nature. Par exemple, elle convient bien aux lois du mouvement : elle y est mieux appropriée que les principes nécessaires rêvés par Spinoza. Si elle exclut la nécessité, elle a de la convenance. Il s'en faut de beaucoup en effet qu'on trouve dans les lois du mouvement cette nécessité géométrique que Spinoza cherche en tout et partout. Et c'est précisément parce que ces lois ne sont ni tout à fait nécessaires, ni entièrement arbitraires, qu'elles révèlent la perfection de leur auteur. Si elles dépendaient du hasard, on y chercherait vainement la sagesse ; mais si elles dépendaient de la nécessité, où serait la bonté ? Dieu, infiniment bon et infiniment sage, les fait dépendre du principe de la convenance ou du meilleur, qu'il ne viole jamais, et de celui de la continuité que ne viole jamais la nature.

Mais, je le sais, de tels principes devaient faire sourire Spinoza de pitié, et, si devant Leibniz il ne fut que surpris, c'est assurément par politesse envers son hôte. Ouvrez l'Éthique, vous y verrez quelle estime il fait de ces principes d'ordre, de beauté, d'harmonie et de sagesse que Leibniz veut réhabiliter. Spinoza les traite de préjugés, et veut les déraciner à tout prix parce qu'il les croit contraires à la véritable méthode de philosopher, et lui faire pressentir quelques-unes de leurs plus heureuses applications. Spinoza ne comprend pas

Plus tard, après la mort de Spinoza, Leibniz reçoit l'Éthique, et il s'étonne à son tour. « L'Éthique, dit-il, en fermant le livre, cet ouvrage si plein de manquements, que je m'étonne. » Évidemment, Leibniz attendait mieux, et il appliquerait volontiers à l'auteur le mot d'un ancien : « *Oleum perdidit.* »

Pour Leibniz, l'Éthique est un ouvrage manqué, et rien de plus.

Il resterait cependant quelque chose à désirer dans la réfutation de Spinoza par Leibniz, s'il s'était contenté d'analyser une à une les propositions de son livre, sans caractériser l'ensemble de la doctrine qu'il attaque.

Mais la réfutation est complète, et après les détails elle nous donne aussi le jugement sur l'ensemble.

Ce jugement, sous forme de paradoxe, est renfermé dans une parole que je crois sévère pour Descartes, mais vraie pour Spinoza. Et comme nous n'avons à nous occuper ici que du côté par où elle se trouve vraie, nous la citerons avec une entière confiance : « Spinoza, dit Leibniz, a commencé par où a fini Descartes, par le naturalisme : *in naturalismo*. »

Au XVII° siècle, le naturalisme c'est le matérialisme. Mais il faut bien s'entendre sur le sens du mot *matière* et du mot *nature*.

La matière n'est pas pour Spinoza je ne sais quel être corporel immense qui se nourrit du sang de la masse, bien qu'il ait dit quelque part que nous vivons dans le tout comme des petits vers qui vivraient dans le sang. La nature n'est pas non plus une telle masse corporelle. « Par nature, dit Spinoza, j'entends une infinité d'êtres.. » Et ailleurs, il ajoute : « L'être infini que nous appelons Dieu, ou Nature (1). »

La matière est l'étendue de Dieu, la nature est la puissance de Dieu.

Le naturalisme ou le matérialisme de Spinoza, c'est donc de voir dans les choses le développement nécessaire de Dieu.

La nature est toujours la même : partout elle est

(1) Eth. IV, Præf. p. 162.

une, partout elle a même vertu et même puissance. Elle ne connaît ni langueur ni défaillance, et quant à cette pensée du vulgaire qu'elle peut manquer son ouvrage et produire des choses imparfaites, elle doit être mise au nombre des chimères. Éternellement employée à fournir à la pensée sa matière, elle rend incessamment en étendue ce qu'elle rend en pensée, et par un jeu de son mécanisme elle fait incessamment la balance de l'esprit et de la matière, sans permettre jamais à celui-là de surpasser celle-ci (1).

Que vient-on parler après cela de désordre ou de manquement dans ses opérations? Elle opère sur Dieu même, elle distille dans le monde les propriétés de sa substance, les perfections de son être très-parfait. Et comme il entre la même quantité de pensée et d'étendue dans la substance de Dieu, ses mélanges et ses combinaisons rendent toujours la même quantité de l'une et de l'autre.

La nature est (qu'on me passe l'image moins grossière que la pensée), la nature est le rendement

---

(1) Si Dieu n'existait pas, la pensée pourrait concevoir plus que la nature ne saurait fournir (De Intell. Emend. 431), et (dans la Lettre 45) : que la puissance de penser ne se porte pas à penser avec plus de force que la puissance de la nature ne se porte à exister et à agir, c'est un axiome très-clair et très-vrai, d'où suit très-réellement l'existence de Dieu comme produit de son idée.

de Dieu en esprits et en corps. Le monde pense et il s'étend d'un égal accroissement d'étendue et de pensée. Les corps, tout aussi bien que les âmes, expriment sa puissance. Et même la science de l'esprit humain dépend de celle de son objet, qui est le corps. La série des pensées peut être déduite de celle des mouvements corporels. Ce sont les corps qui nous fournissent l'élément de généralité nécessaire pour expliquer les notions universelles. Ils réfléchissent un maximum d'images au delà duquel l'esprit s'embrouille et se jette dans le vague de ces notions. L'âme a des connaissances adéquates d'autant plus étendues, que son corps a plus de points communs avec les corps extérieurs. Et l'esprit s'accroît d'autant plus, que sa surface extérieure, appelée corps, est plus ample.

Non-seulement chez Spinoza le naturalisme ainsi compris est une doctrine : c'est une méthode. Quand Spinoza a dit : « Il est dans la nature de la chose d'être ainsi, » il a tout dit. Quand il met l'étendue en Dieu, il se fait à lui-même l'objection qu'elle est imparfaite. Qu'importe, répond-il, puisqu'il est dans sa nature d'être ainsi, et dans celle de Dieu d'être étendu ? Ailleurs, et c'est là l'exemple le plus curieux de l'application de cette méthode, quand il s'agit d'expliquer les passions, les vices et les folies des hommes, il prend son lecteur à partie, il nous le montre étonné, stupéfait, qu'il les veuille déduire à la manière des géomètres, suivant un principe de développement nécessaire qui n'est autre que la nature. « Mais qu'y faire, répond-il, d'un ton voisin de la raillerie, cette méthode est la mienne... Les lois et les règles de la nature suivant lesquelles toutes choses naissent et se transforment sont partout et toujours les mêmes, et en conséquence on doit expliquer toutes choses, quelles qu'elles soient, par une seule et même méthode, je veux dire *par les règles universelles de la nature* (1). »

Mais du moins, Spinoza en a-t-il profondément interrogé ses lois, en comprend-il l'organisme vivant, animé, en pressent-il la grandeur et l'infinie variété.

Sans doute Spinoza la croit féconde. Trop sec et trop abstrait pour se passionner à la vue des spectacles qu'elle lui offre, elle a du moins pour lui l'attrait d'une science et la beauté d'un problème. Il y a même certains passages de l'Éthique où le goût des recherches naturelles l'emporte sur la ligne et le compas. Alors Spinoza indique en passant les merveilles du monde des corps : il parle des capacités

---

(1) Préf. de la 2ᵉ partie. Trad. fr.

latentes de la matière, qui sont pour l'observateur attentif une raison de croire la puissance des corps incomparablement plus grande que nous ne pensons ; il fait même allusion à ces facultés mystérieuses du corps, agissant dans l'état de sommeil ou de somnambulisme (1) par les seules lois de la nature, de manière à être un objet d'étonnement pour l'âme qui lui est jointe.

Du monde des corps il passe au monde des esprits, et il nous montre, par une analogie qui lui est familière, l'entendement lui-même se faisant ses instruments par une force de nature (2), et la volonté qui n'est que l'inertie naturelle des corps transportée dans les âmes, les faisant persévérer dans leur état, conformément à une loi de la physique.

Dans un autre passage de l'Éthique, il emploiera même des images matérielles qu'on ne s'attend guère à trouver sous la plume du géomètre, pour rendre sensible ce que la raison toute seule ne sau-

(1) Personne n'a déterminé ce dont le corps est capable, dit Spinoza, Eth., p. 3, Sch. Prop. II. Et il ne faut pas s'en étonner, puisque personne encore n'a connu assez profondément l'économie du corps humain pour être en état d'en expliquer toutes les fonctions : je ne parle pas de ces merveilles qu'on observe dans les animaux et qui surpassent de beaucoup la sagacité des hommes, ni de ces actions des somnambules qu'ils n'oseraient répéter dans la veille. Trad. fr.

(2) Intellectus sibi facit instrumenta vi nativâ.

rait faire concevoir. La nature prend les proportions colossales d'un individu composé de tous les corps comme de ses parties, que rien n'entrave dans son développement, et qui contient dans son vaste sein tous les changements, sans rien perdre de son immutabilité (1). Des infinités d'infinis, nous dit-il, découlent de la nature de la substance comme ses propriétés, et l'inépuisable richesse de ses formes est telle, qu'elle les revêt toutes successivement. Il y a en elle un fond matériel qui suffit à toutes ses transformations. Et comme l'ordre de la nature ne saurait souffrir de création et ne comporte que des générations, tout s'y engendre suivant la loi du progrès à l'infini. Ainsi se compose la grande face de l'univers, à laquelle est jointe une sorte d'âme du monde également infinie.

Je ne relèverai pas ce que cette image contient de périls et d'erreur. Mais, en vérité, Spinoza croit-il que pour expliquer l'organisation et la vie dans la nature, il suffit de revenir à l'âme du monde des stoïciens, et de déclarer le progrès à l'infini. L'âme du monde ! le progrès à l'infini ! deux grands mots vides de sens, dont Leibniz n'est pas la dupe. Et, en effet, qu'est-ce que cette âme du monde dans le système de Spinoza ? d'où vient-elle ? comment

---

(1) Eth. p. 2, Prop. XIII, Lemma 7, Schol. Ep. 66, p. 583.

en pourra-t-il rendre compte? Excès d'idéalisme, ou matérialisme extrême, des deux côtés l'erreur est égale. Si c'est une pure abstraction, une idée, comme on l'a soutenu, quoi de moins réel et de plus insuffisant pour être la source de toutes les âmes, et le canal de l'infini? Ne sera-ce pas d'ailleurs le plus actif dissolvant des corps, une manière de faire évanouir l'univers en fluide, de repomper la substance des êtres? Si c'est au contraire une sorte d'émanation ou de courant physique de la nature naturante, quel naturalisme et quelle dégradation de l'infini! En vain l'on dit : c'est la forme infinie de l'éternelle matière. Cela veut dire : qu'il y a une matière préexistante qui revêt successivement toutes les formes. Et c'est un Cartésien, un partisan des explications mécaniques qui, dans un jargon barbare, parle de nature naturante et ramène le fléau de l'*animisme* dont son maître Descartes avait purgé la science !

La fiction d'un progrès à l'infini, sans cesse invoquée par Spinoza, ne fait que reculer les origines des choses, dont l'existence est ainsi rattachée à une série infinie de causes qui ne permettent de s'arrêter nulle part. C'est un nouvel essai pour faire évanouir la limite des êtres finis, briser les liens de l'individualité qui s'écoule et absorber le particulier dans le général. Les individus ne sont plus qu'une certaine union des parties. Les espèces, dépouillées de leurs différences, vont se réduire aux divers ordres d'infinis que comporte la nature. L'âme du monde et l'individu Nature remplissent toute la scène, et ce n'est qu'en passant par la série de ses déchéances que l'Infini traverse les phases de son développement.

Jamais donc mot plus juste que celui de Leibniz ne fut appliqué à Spinoza : « Il a commencé dans le naturalisme. » Mais Leibniz ajoute : « Dans le naturalisme où a fini Descartes. » Et il faut montrer en terminant comment cette seconde partie de la phrase peut être adoucie et recevoir un sens vrai.

Quand Descartes se passionne pour l'anatomie et les recherches naturelles, il obéit à cette tendance de son génie qui ouvre des voies et des directions en tous sens. On ne se douterait guère que c'est précisément la physique cartésienne qui égare Spinoza. Et cependant rien n'est plus vrai, nous l'avons montré pour les lois du mouvement que, par une tentative insensée, mais hardie, Spinoza transporte en métaphysique. Si l'on se demande quelle est l'idée fondamentale de la physique cartésienne, c'est de tout expliquer mécaniquement.

Jamais entreprise ne fut plus légitime dans la sphère où Descartes s'est renfermé. Les anciens avaient multiplié les intelligences célestes et les forces animales pour soutenir et vivifier le monde. Descartes chasse au tombeau toutes ces larves de l'ancienne physique, et il nous montre des lois où nous voyions des fantômes. Pressé d'en finir comme tous les réformateurs, il sacrifie un peu trop vite aux mânes de la physique, et il renverse toutes les races d'animaux que produit le globe.

Spinoza se passionne à son tour pour la physique cartésienne. Il prend à Descartes cette idée d'une matière homogène, qui réduit tout à l'état moléculaire et à la passivité pure. Il pousse cette élimination de l'activité à ses conséquences extrêmes. Déjà il fait appel à ce qu'il nommera, dans une lettre à Oldenburg, d'un mot superbe qu'on dirait emprunté à Newton : les principes mécaniques de la philosophie, « *Principia philosophiæ mechanica.* »

Je ne crains pas de dire que l'Éthique de Spinoza n'est qu'une application de ces principes de la mécanique à la morale.

Une phrase peu connue de Descartes pourrait faire croire que c'est de Descartes lui-même que Spinoza tient l'idée fondamentale de l'Éthique.

« Ces vérités de la physique, écrit-il, sont le fondement d'une Éthique supérieure (1). »

Quand de telles pensées d'un tel maître tombent entre les mains d'un disciple intrépide, elles peuvent mener loin : l'Éthique de Spinoza en est la preuve.

Le jugement de Leibniz, sauf sa partialité connue contre Descartes, mérite donc de devenir historique.

On peut appliquer à la philosophie tombant des mains de Descartes dans celles de Spinoza, ce que disait un auteur de la chirurgie de son temps : « *Delapsa est in manibus mechanicorum inter quos primus Rogerus.* » Elle est tombée dans les mains des mécaniciens dont le chef est Spinoza.

Le Spinozisme est la fausse application des principes mécaniques ou de la physique cartésienne à la morale.

La Monadologie, au contraire, est la réaction puissante de la métaphysique contre la physique et le mécanisme de Descartes, outrés par Spinoza. C'est la pensée qu'on opprime et qui se venge sur l'étendue.

Cette conclusion générale en renferme bien d'autres. Il suffira de rappeler les principales et

(1) Ep. I, 38, p. 86, Physicæ hæ veritates fundamentum, altissimæ et perfectissimæ Ethicæ.

de les classer en deux ordres, suivant qu'elles se rapportent à Spinoza ou à Leibniz.

1° Dans la première partie de l'Éthique, Spinoza cherche à démontrer l'unité de substance, d'où suit l'impossibilité de la création.

Il reconnaît en Dieu deux attributs : la pensée et l'étendue. Mais, en vertu de la nature de la substance, il est forcé de les identifier tous deux, bien qu'hétérogènes.

Son Dieu pense sans comprendre et agit sans vouloir, en vertu de l'indétermination de sa nature. Il n'a donc ni volonté, ni intelligence, ni bonté, ni sagesse.

Conséquent à cette doctrine, Spinoza déduit le monde de la nécessité et écarte les idées du beau, du bien, de l'ordre et de l'harmonie de cette déduction fatale.

2° Dans la seconde partie de l'Éthique et suivantes :

Spinoza, après avoir déduit le monde, en règle ainsi le mécanisme :

Il n'y a qu'une substance unique des âmes qui, sous des formes infiniment variées, souffre ou agit dans l'humanité : voilà l'unité de substance, base de la morale.

Il n'y a qu'une substance unique des corps dont

tous les phénomènes de la nature ne sont que des combinaisons et des états différents : voilà l'unité de substance, base de la physique.

En vertu de ce principe, Spinoza identifie l'esprit et le corps comme il avait identifié la pensée et l'étendue.

Il supprime de fait les individus, dont il avait d'abord supprimé les notions.

Il confond les espèces, dont il ne reconnaît ni les ordres particuliers, ni les différences.

Il se trompe sur les lois du mouvement, qui ne s'expliquent pas sans les causes finales.

Il met l'infini actuel dans la nature, et revient à la doctrine stoïcienne de l'âme du monde.

A ces erreurs si graves dans l'ordre de la logique répondent des erreurs analogues en morale.

Spinoza supprime les individus, par là il arrive à nier l'identité de la personne humaine, et ne lui laisse qu'une immortalité dérisoire.

Il confond les espèces, et en même temps il est amené à nier les idées d'ordre, d'harmonie, de connexion graduelle, à détruire la morale elle-même.

Ses erreurs sur les lois du mouvement, régulatrices de l'univers matériel, se reproduisent dans le monde intellectuel et moral, en vertu de la fausse application qu'il en fait aux esprits.

Il réduit le bien et le mal à n'être que des rapports analogues à ceux du mouvement au repos.

Il ramène toutes les passions à une seule idée, comme tous les métaux à un type commun.

Le résultat de sa physique, en partant de la matière homogène propre à tout, est de nier l'activité des corps.

Le résultat de sa morale, en partant de la pensée universelle, indifférente à tout, est de nier l'activité des âmes.

Le caractéristique de l'ensemble est le naturalisme, ou fausse application de la physique à la morale.

Quant à Leibniz :

1° En Théodicée, il reproche à Spinoza de n'avoir pas suffisamment défini la substance, et de n'avoir fait que des essais pitoyables ou inintelligibles de démonstrations pour en prouver l'unité.

Il montre, par de savantes analyses, que Dieu ne renfermant pas l'étendue, on ne doit pas chercher l'origine des choses dans la matière ou étendue.

Il rétablit contre Spinoza l'intelligence et la

volonté de Dieu ; il montre sa sagesse et sa bonté dans l'ordre même de la création ou plan du monde, nié et méconnu par ce dernier.

2° Dans l'ordre de la création :

Il maintient la distinction de l'esprit et du corps, comme il avait maintenu celle de la pensée et de l'étendue, il fait ressortir la supériorité de la première.

Il rétablit la réalité des êtres en la rattachant à l'idée ontologique de la monade ou substance simple, douée d'activité propre.

Il nous montre ainsi dans les notions individuelles distinctes des notions spécifiques, tout un monde inconnu à Spinoza, sans connexion nécessaire avec Dieu, mais capable d'être le support de tous les accidents, et le fondement de tous les phénomènes, et exprimant à sa manière la substance infinie.

Il prend le grand exemple des lois du mouvement pour montrer l'utilité des causes finales bannies par Spinoza, et l'impossibilité de rien expliquer par l'étendue seule.

Il n'admet qu'un seul infini réel, à savoir Dieu, et ne voit dans les différents ordres d'infinis relatifs constatés dans la nature que des raisons idéales sans réalité dans les choses.

En morale, il s'efforce toujours de relier à l'idée

ontologique de la monade l'indépendance et la liberté individuelle.

En physique, il réagit avec force contre la matière homogène et l'étendue pure, et il rattache le mouvement et la vie des créatures à l'indivisibilité, et à l'indestructibilité des formes substantielles éliminées par Descartes et Spinoza.

La caractéristique de sa théorie de la substance est la force faisant effort pour agir.

Les ressemblances entrevues entre deux systèmes, dont l'un a pour but unique de renverser l'autre, tombent devant ces conclusions précises.

Ni les fulgurations du Dieu de Leibniz ne sont identiques aux modifications de la substance de Spinoza.

Ni l'orientation des monades se tournant vers leur pôle dans la doctrine Leibnitienne n'est l'équivalent de la liberté pétrifiée du Spinozisme.

Ni l'automate de Leibniz doué d'intelligence et de spontanéité n'est comparable à celui de Spinoza (1).

---

(1) Ces mots d'automate spirituel qui se rencontrent chez Leibniz se retrouvent chez Spinoza ; ils viennent de Descartes (*De Passionibus*, art. 16). On aurait dû s'en souvenir avant d'ajouter un chapitre de plus aux étonnants rapports de Leibniz avec Spinoza. Leibniz et Spinoza empruntent tous deux à Descartes son idée de l'homme-machine, de l'homme-automate; seulement Spinoza ne

L'harmonie préétablie elle-même, nous l'avons vu, bien qu'inadmissible, s'efforce de maintenir deux règnes que confond Spinoza.

Enfin, de l'optimisme au fatalisme, il y a tout l'abîme qui sépare un Dieu libre dans son choix, réalisant des possibles, d'un Dieu fatal, produisant le nécessaire.

Les deux mondes imaginés par ces deux hommes reproduisent, comme deux miroirs, l'expression si diverse du Dieu qu'ils enseignent.

Il ne faudrait pas croire toutefois que l'étude du Spinozisme ait été inutile à Leibniz. C'est en voyant les erreurs où l'a jeté une fausse notion de la substance, qu'il a entrepris la réforme de cette notion et fait ses plus belles découvertes. Nous pouvons en

la reçoit sans doute que de seconde main et par la filière des Cartésiens de Hollande ; comme il ne sait pas le grec, il emploie le mot de confiance sans lui demander d'où il vient, ni ce qu'il veut dire, et il le défigure. MM. Paulus, Gfrœrer et Saisset ont cru que le texte de *de Emendat. intellectus*, où il se trouve, portait *automatum spirituale*. Leibnitz, plus exact que les éditeurs mêmes, restitue la vraie leçon du texte original, celle de l'édition princeps de 1677, faite d'après les manuscrits de Spinoza, qui porte en toutes lettres, p. 384, le barbarisme étrange : *automa* pour *automatum*. Il a voulu dire : *automate*, reprend Leibniz, qui lui vient en aide. Toujours est-il qu'il a écrit : *automa*. Ce qui est absurde et prouve à quel point la pensée et l'expression de Descartes, le fond comme la forme, pouvaient s'altérer en passant par le canal d'un juif hollandais. (Voir le manuscrit, p. 61.)

terminant donner deux preuves de cette vérité incontestable, que nous devons à la découverte d'un nouveau manuscrit (1).

Il y a un principe et une théorie de Leibniz, qui jouent un grand rôle dans sa philosophie. Ce principe est celui de l'*identité* des *indiscernables*, et cette théorie est celle de la *force*. Or le principe et théorie se dégagent de cette nouvelle et plus forte critique du Spinozisme, et l'on peut dire que c'est par réaction contre les erreurs de ce système qu'il a trouvé l'un et l'autre.

Quant au principe des indiscernables, quoi de plus certain? La proposition V de l'Ethique paraît en être la formule même adoptée par Leibniz. Elle porte : *In rerum natura non possunt dari duæ aut plures substantiæ ejusdem attributi.* Dans la nature il ne peut y avoir deux ou plusieurs substances de même attribut, c'est-à-dire semblables, ou plus brièvement encore : « Il n'y a pas dans la nature deux substances semblables. »

Leibniz, dit-on, a copié cette thèse. Il dit de même ou à peu près : « Il n'y a pas deux gouttes d'eau, deux feuilles d'un arbre qui se ressemblent. » C'est le principe de l'identité des indis-

(1) Votre manuscrit à la suite des *Animadversiones ad Wachteri librum.*

cernables dont Leibniz dissertait si bien dans les jardins d'Herren-Hausen devant la duchesse Sophie.

Seulement Spinoza a formulé cette thèse pour établir l'absolue identité des substances, et Leibniz, pour maintenir leur parfaite individualité. Le principe de l'identité de substance a, chez Spinoza, toutes ses conséquences panthéistiques. Le principe de l'identité des indiscernables est chez Leibniz le principe de l'individualité des discernables. Spinoza obtient son identité en sacrifiant les affections de la substance. Leibniz déclare au contraire que les affections sont dans un sujet, et que c'est le principe du discernement entre les substances. Chez tous deux ce principe est une suite de l'idée qu'ils se font de la substance : mais cette idée est radicalement différente et même inverse. Tandis que Spinoza ne peut et ne veut dire par là qu'une chose, c'est qu'il ne peut y avoir qu'une seule substance pensante et étendue, Leibniz déclare que ce principe d'individualisation et non d'identité de détermination, et non d'indétermination, n'est qu'une suite de la notion de substance individuelle douée de prédicats inhérents au sujet, et facilement discernable par leur variété même.

On voit ici l'effet du système de Spinoza sur

Leibniz : là même où l'on voulait nous faire toucher du doigt une ressemblance, je constate une différence radicale. Spinoza opère sur lui par réaction. C'est par réaction contre ce cartésianisme outré, comme il l'appelle, qu'il a découvert que la force est l'essence de toute substance. La critique de l'attribut, chez Spinoza, nous a montré cet important résultat de l'analyse de Leibniz.

Spinoza a eu tort de maintenir deux attributs contradictoires en apparence, mais au fond identiques (car ils expriment la même chose d'une manière différente, dans le sein de la substance)(1).

Les deux attributs de Spinoza se réduisent à un seul, d'après ses propres principes.

Cette réduction des deux attributs de Spinoza à un seul, *la force primitive des substances*, est le résultat de l'analyse de l'étendue dont nous avons précédemment indiqué les conséquences.

La force primitive des substances, ἐντελέχεια ἡ πρώτη, est cet attribut irrésoluble, indémontrable, conçu par soi, auquel l'analyse le conduit.

(1) C'est ce que Leibniz exprime ainsi dans le nouveau manuscrit : « Ces deux attributs (la pensée et l'étendue), exprimant la même chose d'une manière différente, peuvent donc se résoudre l'un dans l'autre, ou du moins l'un des deux, *ce dont j'ai démonstration.* » Voir le deuxième manuscrit.

La voilà donc cette force primitive des substances affaiblie et démembrée par Spinoza, rétablie et de nouveau concentrée par Leibniz.

Leibniz a pris la pensée et l'étendue pure de Spinoza : il en a extrait la force : il en a fait l'essence de ses monades.

La réfutation du Monisme de Spinoza nous conduit aux origines du Monadisme de Leibniz.

Il resterait à poursuivre dans la religion les applications si diverses de leurs doctrines et les rapports de leur philosophie avec la théologie, à montrer dans Spinoza le divorce des deux sciences, dans Leibniz l'accord de l'une avec l'autre.

« La philosophie et la théologie, dit Leibniz en terminant, sont deux vérités qui s'accordent : le vrai ne peut être ennemi du vrai : si la théologie contredisait la vraie philosophie, elle serait fausse. On dit que plus grand sera le désaccord de la philosophie et de la théologie, d'autant moindre sera le danger que la théologie soit suspecte. C'est tout le contraire : en vertu de l'accord du vrai avec le vrai, sera suspecte toute théologie qui contredit la raison. »

Deux lettres que nous publions, l'une de Spinoza à Albert Burgh au sujet de sa conversion, l'autre de Leibniz en réponse à celle de Spinoza (1), nous dispensent d'insister sur ce point.

Plus on relira ces deux lettres toutes deux si curieuses, bien qu'à des titres divers, plus on se convaincra que le véritable philosophe est ici Leibniz et non point Spinoza. Que l'on compare, en effet, la modération, le calme philosophique et la haute impartialité du premier avec le ton haineux et déclamatoire du second, n'est-il pas évident que l'une de ces lettres est écrite par un juif exalté et qui a gardé toutes ses colères, toutes ses rancunes contre la religion chrétienne; que l'autre, au contraire, est l'œuvre d'un philosophe qui juge avec sérénité ce grave différend, et qui fait la part du bien et celle du mal dans la lettre de Spinoza comme dans la conduite d'Albert Burgh? Leibniz n'a que du respect pour la religion chrétienne, pour les vérités de la révélation et la dignité des questions sur la foi; Spinoza perd la mesure, passionne la géométrie, et se livre pour la première fois à de violentes déclamations, à des diatribes indignes de la philosophie et surtout d'un philosophe. Quoi qu'on puisse dire pour excuser Spinoza, sa lettre à Van der Burgh, les injures qu'elle contient, et ce

(1) Voir ces lettres à la suite des manuscrits. Celle de Leibniz est inédite.

long parallèle entre la religion juive et la chrétienne, tout en faveur de la première, sont un argument terrible pour ceux qui ne voient plus qu'un juif opiniâtre dans Bénédict de Spinoza. Pour nous, qui craindrions d'aller jusque-là, nous sommes forcé de reconnaître que sa lettre à Van der Burgh n'est pas d'un cartésien. Non, ce n'est pas un cartésien qui parle avec ce mépris superbe de la religion des sages. Il n'y a ici de vraiment cartésien que le langage calme et respectueux de Leibniz rendant hommage à la vérité, et réfutant les incroyables attaques de Spinoza à force de modération et de bon sens.

DEUXIÈME MÉMOIRE.

CRITIQUE DU SPINOZISME PAR LEIBNIZ

D'APRÈS LES DOCUMENTS NOUVEAUX.

La question des rapports de Leibniz et de Spinoza que la critique résout négativement, du moins en France, paraissait terminée par la découverte d'une réfutation inédite de Spinoza dont Leibniz est l'auteur et qui ne permet plus de doute à cet égard (1). Toutefois, il restait à glaner bien des renseignements utiles, même après la découverte de cet écrit, et cette réfutation elle-même ne viendra désormais qu'à son rang dans la longue série d'études, de critiques et de travaux sur Spinoza que renferme la bibliothèque de Hanovre sur ce sujet, et qui ont

(1) Réfutation inédite de Spinoza par Leibniz, ici même, et Ladrange. Paris, 1854.

doublé nos ressources et nous permettent enfin de terminer ce procès, si par sa nature métaphysique il n'est pas interminable. En tout cas, historiquement, nous croyons maintenant qu'il peut être terminé, et nous l'essayons.

La masse des travaux de Leibniz sur Spinoza, conservés dans la bibliothèque de Hanovre, études critiques et autres, est non moins importante et plus considérable encore que celle des travaux sur Descartes. Je diviserai ce chaos en trois parties :

1° Les diverses éditions des ouvrages de Spinoza, annotées par Leibniz;

2° Diverses feuilles de notes et d'extraits des ouvrages de Spinoza, faits par Leibniz;

3° La Critique entière de l'Ethique, proposition par proposition, tirée des cahiers détachés de Leibniz qui se trouvent à Hanovre.

Les éditions consultées par Leibniz sont nombreuses. Nous avons déjà indiqué les notes marginales dont il avait couvert le petit traité des *Principia philosophiæ Cartesianæ more geometrico demonstrata*, édition d'Amsterdam, 1663, chez Jean Brewerts, in-4°, 14 pages. Leibniz a fait de même des extraits nombreux du *Theologico politique*, édition de Hambourg, 1670, chez Hum Kinrath (Cristophe Conrad). En 1671, le 9 novembre, Spinoza ajoutait ce post-scriptum à la lettre qu'il écrivait à Leibniz, de la Haye : « *Si tractatus theologico politicus ad tuas manus nondum pervenerit, unum exemplar nisi molestum erit, ad tuas manus mittam* (1). Ou Leibniz avait déjà le livre, ou Spinoza le lui envoya. En tout cas, nous avons retrouvé plusieurs pages d'extraits du *Theologico politique* faits par Leibniz de son écriture la plus fine et qui semblent indiquer qu'il se préparait, dès cette époque, à le réfuter, et cela avant le voyage à Paris.

Pendant son séjour à Paris, il vit Van der Ende, le maître de Spinoza, et il travailla avec Tschirnhaus, l'un des correspondants les plus actifs du philosophe d'Amsterdam : nous avons la preuve qu'il eut même connaissance des lettres que Spinoza et Tschirnhaus échangèrent en 1675 (2).

(1) Œuvres de Spinoza, lettre.
(2) Tschirnhaus de Tschirnhausen, un des philosophes et des savants les plus considérables du xviie siècle ; un homme qui avait consumé son patrimoine par amour de la science et qui a marqué par des découvertes très-importantes, était en correspondance avec Spinoza ; ses lettres figurent dans les éditions de Spinoza avec le signe convenu pour désigner l'anonyme, c'est ce que tous les éditeurs ont ignoré et ce que nous apprend l'exemplaire de Leibniz. La première de ces lettres est la soixante et onzième du recueil de Gfrœrer. Elle roule tout entière sur la variété des opinions parmi les philosophes, et elle oppose Descartes et Spinoza sur la question du

Plus tard, en 1676, il le vit à la Haye, à son retour d'Angleterre, et nous avons retrouvé un libre arbitre. La soixante-treizième est également une lettre de Tschirnhaus à Spinoza. Il loue sa méthode, l'engage à la publier et lui demande la vraie définition du mouvement. Dans la soixante-quatorzième, Spinoza répond à celle qu'il avait reçue de lui à la date du 8 octobre, et où il lui montrait sa différence radicale et profonde avec Descartes sur la question du libre arbitre. Il lui explique sa philosophie. Leibniz, dans son exemplaire, remplace le signe *** par ces mots : Tschirnhaus. Or on sait qu'à cette même époque, Tschirnhaus était à Paris travaillant les mathématiques avec Leibniz ; et quand on voit que leur table d'études, leurs papiers étaient communs à ce point que la main de Tschirnhaus se retrouve partout dans les cahiers de Leibniz, on est en droit de supposer que leurs lettres l'étaient aussi, et que celles de Tschirnhaus à Spinoza, ainsi que les réponses, furent communiquées à Leibniz. Voici d'ailleurs un texte qui nous dispense d'insister ; Leibniz écrit le 28 décembre 1675, à Oldenbourg : « *Quod Tschinhausum ad nos misisti fecisti pro amico : multum enim ejus consuetudine delector et ingenium agnosco in juvene præclarum magna promittens : inventa mihi ostendit non pauca, analytica et geometrica, sane perelegantia. Undè facile judico, quid eo expectari possit.* » Il y avait donc communauté d'études entre eux, et ces lettres de Spinoza furent évidemment montrées à Leibniz, qui lui-même était en commerce de lettres avec le philosophe d'Amsterdam, et a peut-être eu part aux objections de son ami.

Dans un volume de lettres récemment publié par Gerhardt, et qui contient la correspondance de Leibniz avec Tschirnhaus, nous avons noté les passages suivants qui s'y rapportent : Tschirnhaus à L., 10 avr. 1678. « Nec ad definitiones formandas præstantiora unquam præcepta vidi quam quæ habet Dn. Spinoza de Emendatione Intellectus ; quod manuscriptum a Dn. Schulzero mihi transmissum penes me habeo : utinam omnia reliqua ejus opera ! » —

fragment inédit de ces entretiens si intéressants pour l'histoire de la philosophie. L'apparition des posthumes de Spinoza seulement un an après cette visite ne pouvait manquer d'attirer l'attention, déjà très-excitée, de Leibniz ; il se procura le livre dès qu'il parut, le lut et l'annota.

Les notes de Leibniz sur Spinoza sont de deux sortes : les premières sont des notes marginales et sont fort courtes, les autres couvrent plusieurs feuillets de papiers grand format et sont beaucoup plus étendues. Les premières déposées sur les marges du livre sont très-certainement le premier jet de sa pensée, à la première lecture de ces posthumes ; les secondes ne viennent qu'après, à une seconde lecture les marges se trouvaient déjà remplies ; il prit des feuillets de papier blanc et les couvrit de nouvelles observations plus développées (1). C'est avec ces notes que nous allons

Leibniz à Tsch. « Spinozæ opera posthuma prodiisse non ignorabis. Extat et in illis fragmentum de Emendatione intellectus, sed ubi ego maximè aliquid expectabam ibi desinit. In Ethica non ubique satis sententias suas exponit... Non nunquam paralogizat. » — Leibniz. Ed. Gerhardt. Halle. 1859.

(1) Un détail semble confirmer cette conjecture et fixer l'ordre chronologique de ces différents écrits. Les marges de l'exemplaire appartenant à Leibniz et annotées par lui sont rognées, et quelques notes ont été mutilées par cette rognure, entre autres la note marginale de la page 1.

refaire la critique du spinozisme à un point de vue nouveau.

CRITIQUE DU DIEU DE SPINOZA D'APRÈS UNE NOTE INÉDITE DE LEIBNIZ.

La critique du Dieu de Spinoza est un des titres de Leibniz. Elle nous est parvenue dans des circonstances singulières, conservée sur les marges de son exemplaire de Spinoza.

On croyait jusqu'ici qu'il n'avait annoté que l'Ethique; mais l'étude de l'exemplaire de Spinoza annoté par Leibniz nous livre aussi ses remarques sur le traité de *la Réforme de l'entendement.* J'extrais une de ces notes qui m'a paru mériter l'attention, car elle contient, entre autres choses, la critique du Dieu de Spinoza. C'est à la page 388 et au chapitre XIV du traité de *la Réforme de l'entendement, De mediis quibus res æternæ cognoscuntur.* Spinoza nous dit que pour faire la science du réel, il faut suivre la série des causes et s'avancer d'un réel à un autre réel (1). Et quel-

---

(1) Ut semper a rebus physicis sive ab entibus realibus omnes nostras ideas deducamus progrediendo secundum seriem causarum ab uno ente reali ad aliud ens reale..... Sed notandum me hic per seriem causarum et entium realium non intelligere seriem rerum

ques lignes plus bas il appelle ces réels des universaux ou des catégories, mais des catégories et des universaux d'une espèce à part, car ils sont tout à la fois fixes et éternels, et pourtant singuliers. Qu'est-ce à dire? Ce passage avait bien de quoi piquer la curiosité des commentateurs; en tout cas, il paraît avoir exercé la sagacité de Leibniz, à en juger par la note marginale de son exemplaire dont nous donnons en note l'exacte description (1).

Ainsi Leibniz veut expliquer la liste des catégories nouvelles ou des universaux singuliers du spinozisme. Mais il paraît d'abord hésiter entre deux hypothèses, hésitation dont le livre a gardé

---

singularium mutabilium, sed tantummodo seriem rerum fixarum, æternarumque.

(1) PASSAGE DE SPINOZA SOULIGNÉ PAR LEIBNIZ. NOTE DE LEIBNIZ EN REGARD.

Voici l'exacte description de l'exemplaire de Spinoza annoté par Leibniz au chapitre XIV, page 388.

Unde hæc fixa et æterna quamvis sint singularia tamen ob eorum ubique præstantiam ac latissimam potentiam erunt nobis tanquam universalia sive genera definitionum rerum singularium mutabilium et causæ proximæ omnium rerum.	*Deus* *spatium* MATERIA *motus* POTENTIA UNIVERSI INTELLECTUS AGENS MUNDUS.

On voit d'après cette description exacte que Leibniz après avoir mis Dieu au sommet de la série des causes imaginées par Spinoza, l'en a retranché.

les traces, car il a d'abord mis à la marge une première interprétation, qu'il a ensuite remplacée par une autre, ou du moins il a singulièrement modifié la première, en retranchant plusieurs des termes qui en faisaient d'abord partie.

Leibniz, à son tour, voulant reproduire la série des causes, *seriem causarum vel rerum fixarum æternarumque*, d'après Spinoza, met d'abord un premier terme de la série, *Dieu*, puis l'*espace*, la *matière*, le *mouvement*, la *puissance de l'univers*, l'*intellect agent*, le *monde* enfin qui est le terme dernier de cette série. Puis il a biffé le premier, le deuxième et le quatrième termes, et n'a laissé subsister que la *matière*, la *puissance de l'univers*, l'*intelligence* et le *monde*. Cette rature est importante, il n'est pas sans intérêt de savoir quel en fut le motif. Est-ce parce que Dieu ne peut être rangé parmi les catégories du réel, qu'il les dépasse, qu'il est un *universel* non *singulier*, pour nous servir des termes de Spinoza, ou bien ne serait-ce pas que, suivant Leibniz, la pensée *ésotérique*, la pensée dernière du spinozisme serait de commencer avec la matière, prise comme premier terme, et le monde enfin comme dernier terme de cette progression ? Il suffit de poser cette question pour en voir l'importance au point de vue des destinées ultérieures du spinozisme, mais il suffit aussi de la poser pour y répondre. Evidemment pour Leibniz, le Dieu du spinozisme c'est la matière, et s'il a effacé Dieu, c'est qu'il le retrouvait au troisième et au cinquième termes, sous son vrai nom, la matière, la puissance de l'univers. Il a biffé de même le mouvement, parce qu'il fait double emploi avec le cinquième terme, la puissance ou la force de l'univers, *Potentia universi*. Cette réduction était donc conforme à la pensée de Spinoza; elle est, dans tous les cas, l'exacte expression de celle de Leibniz sur le spinozisme. Etant donnée la série des causes ou les sept catégories du réel du spinozisme,

A savoir :
1. Dieu.
2. L'espace.
3. La matière.
4. Le mouvement.
5. La puissance de l'univers.
6. L'intellect agent.
7. Le monde.

Leibniz, qui opère en mathématicien sur cette série, cherche s'il n'y a pas de réduction à faire parmi ces termes, et il en voit trois. La première c'est Dieu, qui fait bien évidemment double emploi avec le troisième ou le cinquième terme, soit qu'on le considère comme la matière homogène et purement passive, ou bien qu'on se le représente comme la puissance de l'univers, cette puissance infinie dont Spinoza a enflé la chimère, et qui n'est autre que la nature. Dans le premier cas, c'est le matérialisme; dans le second, c'est le naturalisme; le second serait plus conforme à cette pensée sévère, mais juste de Leibniz : *Spinoza incepit ubi Cartesius desinit in naturalismo*. Il est très-remarquable aussi que Leibniz ait vu dans Spinoza cet intellect agent qu'il a condamné dans Averroès, et dont il a montré la chimère et le danger dans ses considérations sur la *Doctrine d'un esprit universel*. Sans donner à ce fait matériel plus d'importance qu'il ne mérite, on ne peut s'empêcher d'y voir une conjecture ingénieuse et vérifiée par l'histoire sur un point curieux et destinée à l'éclairer aussi sur beaucoup d'autres ; car enfin Leibniz avait vu Spinoza, il avait étudié profondément sa philosophie, et il ne lui fait pas même l'honneur de prendre son Dieu au sérieux. Je ne blâme pas ceux qui critiquent longuement le Dieu de Spinoza, mais il semble toutefois que la critique de Leibniz est plus radicale dans sa brièveté ; il ne le critique pas, il l'efface comme faisant double emploi avec la *matière* ou la *nature*. Il semble dire ainsi : Spinoza n'a qu'un Dieu, la matière ou la nature, il n'en a jamais connu un autre ; à quoi bon parler longuement du Dieu de Spinoza ? Mieux vaut l'effacer d'un trait de plume ; et c'est ce que fait Leibniz. Mais ces indications sont encore peu de chose au prix de celles que l'Éthique nous gardait en réserve. Il y a à Hanovre, outre les notes marginales qui se continuent pendant les cinq livres de l'Éthique, plusieurs feuillets contenant des critiques plus développées et écrites à diverses époques. Un cahier de sept grandes feuilles contient des remarques sur la première partie. Je ne parlerais pas de ces notes si elles ne nous offraient aussi quelques éclaircissements très-désirables.

Mais Leibniz nous y montre bien le vide absolu du spinozisme et ses contradictions. On y voit mieux que dans ses autres écrits, sans en excepter la réfutation que j'ai publiée, par quelles subtilités, et quel tissu de paralogismes Spinoza arrivait à établir sa thèse unique, fondamentale. Quelques définitions dont la première change le sens du mot qu'elle définit ; *causa sui*, quitte à abandonner sa définition pour revenir à la commune, quand il en a besoin, dont la seconde, la troisième, la quatrième et la sixième, pèchent à tout le moins par leur obscurité, des axiomes dont le premier n'est pas moins obscur et le sixième peu concluant, des propositions dont la première n'est introduite subrepticement que pour amener la cinquième, qui à son tour est le fondement caché de la proposition quatorze, puis enfin ce fameux corollaire éclatant tout à coup dans la nuit profonde qui l'a précédé : *Deus unica substantia est.* Voilà le premier livre de l'Éthique résumé par Leibniz dans ce qu'il a d'essentiel.

CRITIQUE DE LA SUBSTANCE DE SPINOZA.

La Réforme de la notion de substance passe généralement pour la principale gloire de Leibniz, mais on ignore le plus souvent quel chemin il a suivi pour arriver à sa réforme. Ici comme partout Leibniz, esprit critique, a commencé par la réfutation de l'idée de la substance, telle que l'enseignait Spinoza (1). Il a critiqué la substance du Spinozisme, et c'est par cette critique qu'il a dépassé et vaincu le Spinozisme. Ses œuvres imprimées nous montrent Leibniz, vainqueur du Spinozisme, en possession de sa réforme, établi dans sa Monado-

---

(1) Nous nous réservons dans un troisième mémoire d'étudier la question des rapports du spinozisme et du cartésianisme sur cette notion de la substance.

logie, comme dans une forteresse inexpugnable, d'où il brave tous les assauts du panthéisme. Les écrits inconnus dont je parle nous le montrent au contraire dans la période de lutte et de périls, combattant pied à pied contre Spinoza, et bouleversant l'Éthique. Si ses travaux définitifs et la publication d'un système original font plus pour sa gloire, et assurent son triomphe, ces études préparatoires et ces méditations du cabinet, dont il a consigné le témoignage dans ses papiers, sont plus instructives encore. C'est la tranchée par laquelle il s'avance pour saper le spinozisme jusque dans ses fondements.

La définition de la substance ouvre l'attaque dans sa critique. « Spinoza, nous dit Leibniz, définit la substance ce qui *est en soi et est conçu par soi.* » Définition obscure comme celle qui précède; qu'est-ce qu'être en soi, puis est-ce d'une manière disjonctive ou cumulative qu'il réunit ces deux signes si divers : *Etre en soi, être conçu par soi;* est-ce *disjonctive?* est-ce *conjonctive?* dans ce dernier cas, la substance réclame le concours des deux choses; et il faut qu'il démontre que quand on a l'être en soi, on est aussi conçu par soi. Or, n'y a-t-il pas des êtres qui sont en soi sans être conçus par soi? C'est ainsi que l'on considère ordinairement les substances, et sa définition renverse l'opinion commune. Leibniz la rétablit au contraire par sa radicale distinction entre *substantia res quæ in se est* et *substantia res quæ per se concipitur*. C'est la distinction des deux ordres, et dès le premier pas, le renversement du Spinozisme. En effet, Spinoza introduisait frauduleusement dans sa définition de la substance l'identité de l'être et de la pensée. Leibniz, par son utile distinction, triomphe de cette identité; la substance, dit-il, prise pour l'être en soi, et la substance prise pour l'être qui se conçoit par soi-même, n'est pas identique. La première est le fondement de tous les accidents, est un sujet; la seconde peut fort bien n'être pas une substance, être dans un autre, être un attribut, un universel de la logique. Il n'y a donc point de parité. La première est un être individuel, qui a en soi le principe de son être; la seconde une catégorie abstraite qui n'est point la substance. Aristote en distinguait deux espèces : les substances premières, véritables êtres de la nature, et les substances secondes, fondement des notions; mais jamais il n'eût eu l'idée de confondre avec les premières les conceptions pures de la logique et de passer ainsi, *per saltum*, d'un ordre à l'autre. C'est le renversement de la logique et la plus grande erreur du Spinozisme, celle dont toutes les autres dépendent. Aussi Leibniz a-t-il apporté un soin particulier à la réfuter. La distinction de deux principes, de deux ordres de vérités fondées sur ces deux principes, les unes générales et les autres particulières, les unes universelles et les autres individuelles, fut toujours sa principale étude. La critique des autres propositions du livre premier sur la substance n'est pas moins forte. Spinoza, en vue de la radicale distinction des deux attributs, la pensée et l'étendue, veut-il édifier la proposition II de l'Ethique sur l'impossibilité de communication entre deux substances d'attributs divers, Leibniz ne l'approuve que dans le cas où par attributs il entend des prédicats qui sont conçus par eux-mêmes, et le critique pour celui où ces deux substances auraient certains attributs divers et d'autres communs. Il critique également la proposition IV.

Mais je m'arrête à la proposition V, proposition peu remarquée, et à laquelle cependant Zimmermann (1) croit pouvoir rapporter toutes les erreurs tant de Leibniz que de Spinoza, et du Monisme ou système de l'identité, que du Monadisme ou système des Monades. Voici cette thèse :

(1) Zimmermann, auteur de deux mémoires excellents sur quelques erreurs de logique dans l'Ethique de Spinoza.

« *In rerum natura non possunt dari duæ aut plures substantiæ ejusdem naturæ seu attributi.* » Dans la nature il ne peut y avoir deux ou plusieurs substances semblables ou de même attribut, ou plus brièvement encore : « Il n'y a pas dans la nature deux substances semblables. »

Il est très-vrai que cette proposition V caractérise parfaitement la logique du Spinozisme; j'ajoute qu'elle est le fondement de celles qui suivent, que la substance est nécessaire (VII), qu'elle est infinie (VIII), qu'elle est unique ou qu'il n'y en a qu'une, à savoir Dieu (Coroll. de la XIV).

La source de cette énorme erreur est évidente; c'est la confusion des deux ordres : l'ordre logique et l'ordre réel; l'ordre de la connaissance et celui de la nature. C'est un raisonnement analogue à celui-ci. Le triangle rectangle est un triangle, le triangle scalène et le triangle isocèle le sont aussi. Donc il n'y a qu'un seul triangle. Il est inutile d'insister sur un sophisme vingt fois relevé.

Mais quelle est la position de Leibniz vis-à-vis de la proposition V? L'accepte-t-il ou la rejette-t-il? Car enfin, on ne saurait nier qu'elle ne présente un certain rapport avec une thèse célèbre de la Monadologie. On dirait même que Leibniz n'a fait que la traduire sous une forme plus saisissante Spinoza dit :

« Il n'y a pas dans la nature deux substances semblables. » Leibniz : « Il n'y a pas deux gouttes d'eau, deux feuilles d'un arbre qui se ressemblent. » C'est le principe de l'identité des indiscernables, dont Leibniz dissertait si bien dans les jardins d'Herren Hausen en présence de la duchesse Sophie.

Il semble qu'alors la différence entre le Spinozisme et la Monadologie n'est que nominale et qu'une même erreur de logique a produit les deux systèmes.

Zimmermann l'affirme : « Spinoza, dit-il, prétendait que les substances dont on abstrait les affections, *depositis affectibus*, sont une seule et même substance, tandis qu'il aurait dû conclure seulement que c'était une pluralité d'êtres considérés sous une même idée, à savoir celle de substance. Nous trouvons dans cette faute de logique la pierre d'achoppement du Monisme ou doctrine de l'Identité, aussi bien que du Monadisme ou doctrine de la pluralité. »

Voilà un acte d'accusation en forme ; voyons d'abord ce que Leibniz a à répondre.

Dans ce morceau étendu, où il analyse le premier livre de l'Ethique, proposition par proposition,

Leibniz a rencontré la cinquième. Si c'est le fondement secret de son système, il ne la critiquera pas, il l'approuvera même ; mais il n'en est rien. Leibniz la critique comme les autres. Il trouve obscurs d'abord ces mots : *in natura rerum*. Veut-on dire dans l'universalité des choses existantes, ou bien dans la région des idées ou des essences possibles? C'est du premier mot indiquer l'équivoque et montrer la source de l'erreur de Spinoza. C'est toujours la confusion des deux ordres, le monde des réalités et la région des possibles. Leibniz ajoute qu'il est obscur, s'il a voulu dire qu'il ne peut y avoir plusieurs individus d'une même essence. Or cette différence, qui est une suite de la première, est très-considérable, et il en résulte que cette proposition est de nature amphibologique. Mais ce n'est pas tout ; je m'étonne, dit-il encore, qu'il emploie ici indistinctement les termes de *nature* et d'*attribut*, à moins qu'il ne faille entendre par attribut ce qui embrasse et contient la nature entière, et alors on ne voit pas comment il pourrait y avoir plusieurs attributs de la même substance conçus par eux-mêmes.

Après l'énoncé, Leibniz passe à la démonstration, et il relève le paralogisme qu'elle contient : *Respondeo subesse videri paralogismum.*

Je pourrais me contenter de cette réfutation : elle est tirée de Leibniz, elle est simple, elle suffit parfaitement pour le mettre à couvert.

Toutefois il y a quelque chose de spécieux dans le rapprochement qui a été l'origine de cette discussion, et je veux montrer où il pèche. Il est très-vrai que Leibniz dit comme Spinoza, quoique dans un autre sens : « Il n'y a pas deux substances absolument semblables dans la nature. »

Mais seulement Spinoza le dit pour établir l'absolue identité des substances et Leibniz pour maintenir leur parfaite individualité ; Spinoza obtient cette identité en sacrifiant les affections de la substance ; Leibniz déclare au contraire que les affections sont dans un sujet et que c'est le principe de discernement entre les substances. La proposition V de l'Ethique ne peut et ne veut dire qu'une chose, c'est qu'il ne peut y avoir qu'une seule substance pensante et étendue.

Le principe de Leibniz est dirigé contre l'étendue pure et la pensée pure du Spinozisme, qu'il regarde comme la plus creuse des chimères. L'un fait de son principe un principe d'indétermination absolue, et l'autre d'absolue détermination.

Le principe de Spinoza, enfin, est une suite de l'idée qu'il se fait de la substance unique infinie absolue, celui de Leibniz est une suite (il le dit lui-même) de l'idée qu'il se fait de la pluralité des substances individuelles. Aussi Leibniz a-t-il soin d'insister : « Spinoza voudrait-il dire, demande-t-il, qu'il ne peut y avoir plusieurs individus ayant un même attribut? » Car pour Leibniz comme pour le bon sens, deux substances peuvent fort bien avoir des attributs communs. Si le principe de l'identité des indiscernables est d'origine spinoziste, il faudra donc reconnaître qu'il a tué son père. Mais non, c'est la notion de la substance individuelle dont il est une suite. Leibniz le dit positivement à Arnauld. « Il s'ensuit de cela (de la définition de la substance individuelle) plusieurs paradoxes considérables comme entre autres qu'*il n'est pas vrai que deux substances se ressemblent entièrement et soient différentes* solo numero. » Or sa définition de la substance individuelle, c'est l'inhésion des prédicats dans le sujet, c'est le renversement le plus complet du Spinozisme, c'est l'impossibilité pour la substance de déposer ses affections, de sacrifier ses prédicats, comme le voudrait Spinoza. On voit donc que le rapprochement, quoique spécieux, manque de justesse.

On voit ici l'effet du système de Spinoza sur la

pensée de Leibniz. Spinoza opère sur lui par réaction. Il lui fait voir l'abîme où sans cela il eût pu s'engloutir. La critique de l'Ethique, bien qu'elle ne soit que la partie négative de sa réforme, est de ce point de vue l'un des monuments les plus considérables du génie de Leibniz. On le voit avec une supériorité logique incontestable et une profondeur de pensée originale se frayer sa route à travers tous les sophismes de l'Ethique.

Dans cette forêt vierge de la substance il abat les arbres qui l'obstruent et sort à la lumière sans avoir suivi de pistes fausses. Son tact métaphysique est d'une délicatesse infinie, il flaire (qu'on me passe le mot) le paralogisme latent, il subodore le sophisme naissant, *sophismata subodoratur*, rien ne lui échappe : à la proposition XVII, il notera une contradiction manifeste avec la proposition III ; à la proposition XIX, il fera remarquer qu'il s'appuie sur un principe de Descartes. Dans la proposition XIII, il retrouve le germe d'une idée que lui-même a plusieurs fois énoncée, celle de la *mens momentanea* ou du corps considéré comme un moment de l'esprit, thèse plutôt naturaliste qu'idéaliste, et surtout thèse dangereuse. Dans la proposition XV, *sub finem*, il note que l'esprit conçu comme le fait ici

Spinoza sera lui-même un aggrégat ou un composé d'esprits : *mens aggregatum mentium*. La proposition XX qui conduit à une idée de l'idée est ainsi résumée par lui : *Ergo datur idea ideæ et sic in infinitum*. Il prouve par un texte de l'Ethique que Spinoza n'a pas connu la véritable distinction de l'âme et du corps et les a considérés tous deux comme une seule et même ville sous un double aspect, et il écrit en marge : ἄτοπα, c'est absurde.

2° CRITIQUE DE L'ATTRIBUT.

La critique de l'attribut n'est pas moins remarquable. La définition qu'en donne Spinoza comme d'un rapport que perçoit l'entendement lui paraît obscure : « Il y a diverses classes de prédicats, nous dit Leibniz, et on ne sait à laquelle elle s'adresse. Entend-il par là tout prédicat réciproque, ou bien tout prédicat essentiel, réciproque ou non, ou bien encore tout prédicat essentiel, absolument premier et indémontrable de la substance. Il y en a deux suivant lui : la pensée et l'étendue, mais a-t-il prouvé que la pensée et l'étendue sont conçues par soi et sont des attributs ? Nullement, je cherche en vain cette démonstration, lorsqu'à la proposition XIV il veut établir que la *Res extensa* et la *Res co-*

gitans sont les deux attributs de Dieu ; et puis, d'après la proposition XVI, il n'a pas le droit d'admettre deux attributs pour une substance, il n'y en a qu'un puisqu'il exprime toute son essence. Ces deux attributs, ajoute-t-il, sont tous deux conçus par soi, et cependant ils expriment la même chose, ce qui est absurde. »

« Ces deux attributs exprimant la même chose d'une manière différente, peuvent donc se résoudre l'un dans l'autre ou du moins l'un des deux : ce dont j'ai démonstration. »

Les deux attributs de Spinoza se réduisent à un seul (1).

Cette réduction des deux attributs de Spinoza à un seul, la force primitive des substances, est le résultat de l'analyse de l'étendue que Leibniz avait faite précédemment. Ainsi, suivant lui, des deux attributs proposés par Spinoza, la pensée et l'étendue, il n'en reste qu'un seul, la force. La force primitive des substances, ἐντελέχεια ἡ πρώτη, est cet

(1) Voir les textes à la suite des mémoires, deuxième manuscrit. Je ne fais que traduire. On comprend qu'il ne peut être ici question de rien ajouter à Leibniz. Nous sommes aux origines de la Monadologie et de la Dynamique. Il est certain que c'est en cherchant à réduire les deux attributs de Spinoza que Leibniz a été conduit aux forces et aux entéléchies. J'ai fait ailleurs l'histoire des Monades et des Entéléchies. (Mémoire couronné par l'Institut.) J'y renvoie pour les origines de la Monadologie.

attribut irrésoluble, indémontrable, conçu par soi, auquel l'analyse le conduit.

Cette critique des deux attributs de Spinoza est évidemment très-forte : elle les réduit, elle les supprime. La réduction des deux attributs contradictoires en un seul, qui n'est ni la pensée, ni l'étendue pure, mais la force primitive des substances, c'est là une des victoires les plus signalées que Leibniz ait remportées sur le Spinozisme; c'est la force active que niait Spinoza et qui se venge sur l'étendue pure.

Mais si l'on ne peut nier que Leibniz ait résolu par son analyse les deux attributs du Spinozisme et qu'il ait trouvé la force sous ces attributs, il s'en faut bien que tout soit éclairci, et Leibniz paraît ici rencontrer des objections sérieuses. S'il n'admet pour chaque substance qu'un seul attribut qui l'exprime tout entière, *quæ totam substantiam exprimit*, que devient alors cette pluralité de prédicats qu'il accorde à ses Monades ? Il semble qu'il va échouer, comme Spinoza, devant une difficulté insoluble. Leibniz répondra sans doute que la Monade a un attribut qui l'exprime tout entière et qui est la force primitive, que les autres prédicats n'en sont que des dérivations ou des limitations, des accidents ou des modes. Cette explication, qui est conforme à la pensée de Leibniz, est seule vraisemblable ; elle remédie à l'objection d'Herbart que l'être à plusieurs prédicats est contradictoire. Mais alors, comment le prédicat unique donne-t-il naissance à des prédicats variés ? On revient toujours à la contradiction de l'unité à la variété ou de la variété à l'unité qui forme le grand problème de la Monadologie. Et puis les formes accidentelles de Leibniz se soutiennent-elles sans sujet ? sont-elles les modes purs de Spinoza ? sont-elles comme les modes du Spinozisme en contradiction avec la substance ? Il suffit de poser ces questions pour faire sentir qu'elles ne peuvent être résolues ici, que ce n'est que par la véritable théorie des forces, et les applications que nous en faisons en psychologie que nous pouvons les résoudre, et montrer que la force primitive des substances est le fond même de l'être.

3° CRITIQUE DE L'IDÉE DE CAUSE.

Cette critique de l'idée de la substance et de l'attribut a pour corollaire celle de l'idée de cause. Or Leibniz, si fort sur le premier point, l'est beaucoup moins sur le second, et je prouverai que les erreurs de son système tiennent à une notion incomplète du principe de causalité. Sur ce point la différence entre Leibniz et Spinoza est moins sensible que sur le premier, et l'on s'étonne que celui qui avait réformé la notion de la substance n'ait pas aussi réformé l'idée de cause.

On s'en étonne d'autant plus que Maine de Biran et les modernes ont trouvé ou cru trouver dans l'activité volontaire des Monades les véritables éléments d'une théorie de la causalité, tandis que Leibniz a plutôt nié la causalité et étendu l'inertie par son harmonie préétablie. Il y a là, comme il arrive souvent en philosophie, deux tendances contraires qui ont eu toutes deux leur excès. Tandis que les modernes psychologues n'ont vu dans la Monadologie qu'une théorie de l'activité volontaire et libre, Leibniz, qui en faisait avant tout une théorie dynamique, paraît s'y être préoccupé surtout de donner du problème du monde une solution conforme à ses idées métaphysiques sur la stabilité du monde, et la conservation de ses forces et de ses lois. De là son inclination pour le dogme d'une création continuée, ses belles études sur la loi d'inertie et tout son système du monde enfin où la liberté n'a point de part.

La causalité vraie manque à Spinoza, bien que son système soit celui de la causalité pure. Wilhm est forcé de reconnaître que dans son monde éternel ou du moins considéré *sub specie æterni*, il n'y a ni avant ni après, et que l'idée même de causalité s'efface. En tout cas, il est certain par la proposition XVIII qu'il supprime les causes secondes, il n'y a plus que des effets. C'est lui qui a, le premier, établi avec cette rigueur la série phénoménale qui permettra à Hume de ruiner l'idée de cause. La substance est cause unique de tous les phénomènes et il n'y en a qu'une : à savoir Dieu. La série des causes dont il parle dans le chapitre xiv de la réforme de l'entendement, se résolvant en pures catégories de la logique, est fictive et chimérique. La méthode des mathématiques que suivait Spinoza, devait le conduire à ce résultat. Le mathématicien considère l'ensemble des vérités mathématiques comme un système de conséquences, Spinoza regarde le monde comme un système de résultats. Le mécanisme est la dominante de ce système et la principale tendance de ce dangereux esprit. Or le mécanisme explique tout par la cause efficiente, rien par la cause finale. De là, chez Spinoza, ce mépris des causes finales et ce retranchement complet de l'idée de fin et de l'idée de but.

Leibniz accepte en partie la causalité pure de Spinoza. Il y a là suivant lui une tendance scientifique émanée de Descartes qu'il ne faut point laisser perdre. Il va très-loin dans cette voie. Dans sa critique du Spinozisme, il accepte les axiomes 3, 4 et 5 de l'Ethique et dit qu'on peut même en avoir démonstration : *Axiomata 3, 4 et 5 demonstrari posse arbitror.* Voici ces axiomes :

3. *Ex data causa determinata necessario sequitur effectus, et contra, si nulla detur determinata causa, impossibile est, ut effectus sequatur.*

4. *Effectus cognitio a cognitione causæ dependet et eamdem involvit.*

5. *Quæ nihil commune inter se invicem habent, etiam per se invicem intelligi non possunt, sive conceptus unius alterius conceptum non involvit.*

Il admet aussi la proposition III, qui est fondée sur eux. *Quæ res nihil commune inter se habent, earum una alterius causa esse non potest.*

Or ces axiomes établis, la méthode déductive *a priori* est justifiée et acceptée par Leibniz. L'axiome 4 en est l'indication la plus certaine. Spinoza dit que de la cause il faut déduire les effets : c'est la méthode synthétique *à priori*. On ne peut nier que ce ne soit aussi la méthode de Leibniz et qu'il ne considère la déduction à partir des causes comme le plus sublime effort de la science. Reste à savoir comment on s'élève aux causes, et si le procédé de Spinoza est aussi celui de Leibniz.

TROISIÈME MÉMOIRE.

DES RAPPORTS ET DES DIFFÉRENCES DU SPINOZISME AVEC LA PHILOSOPHIE CARTÉSIENNE

D'APRÈS LEIBNIZ.

Après avoir montré dans les précédents mémoires qu'il n'y a ni rapports intimes, ni filiation directe entre Spinoza et Leibniz, il nous reste à étudier, d'après Leibniz, s'il en est de même entre Descartes et Spinoza.

La question des origines du Spinozisme est une de celles qui, dans ces derniers temps, a soulevé le plus de controverses, non-seulement en Allemagne, mais même en France. Un éminent critique de nos jours, désireux de soustraire Descartes à cette parenté funeste, a voulu rattacher Spinoza à l'esprit toujours vivant de l'Hébraïsme. Il est du parti de Wachter contre Leibniz et contre M. Franck (1).

(1) Voir l'opinion de M. Franck, p. 184.

Mais ceux qui donnent Spinoza tout entier à la kabbale ou à l'esprit persistant du judaïsme comme Wachter, qui a écrit un livre pour établir cette thèse, nous paraissent introduire dans la critique philosophique un précédent fâcheux et un dangereux naturalisme. Ils sacrifient la filiation des idées à celle des races : ils ne voient dans Spinoza qu'une chose : c'est qu'il s'appelait *Baruch*; ils fondent sur ce nom toute une théorie souvent très-arbitraire; ils négligent la question de savoir si Descartes ne fut pas le père de son esprit ; si ce juif regardé comme un transfuge de la synagogue et désigné au poignard des assassins, n'avait pas pour la philosophie cartésienne abandonné le judaïsme et rompu pour toujours avec l'esprit de la synagogue.

Leibniz, lui aussi, s'est livré à de vastes recherches sur les origines du Spinozisme ; il en a cherché la trace jusque dans les auteurs de sa nation, chez le juif Maïmonide dont il a lu et annoté les œuvres; il a connu et discuté l'opinion de Wachter, mais il ne l'a jamais embrassée. Leibniz connaissait trop bien Spinoza, il avait trop vécu dans son monde, il avait respiré de trop près ces premiers parfums du rationalisme contemporain, trop vu ses amis, trop interrogé ses disciples et le maître lui-même, qu'il avait visité personnellement à la Haye, pour prendre le change et ne pas démêler la piste vraie. Il savait que Spinoza avait été nourri et formé en Hollande, dans cette Hollande cartésienne, encore pleine du souvenir et des œuvres de Descartes, qu'il avait commencé par y enseigner les *principia philosophiæ cartesianæ* pour ainsi dire textuellement; qu'il s'était initié de bonne heure à sa méthode, qu'il professait comme l'auteur des méditations une exactitude toute géométrique; que tout ce qu'il avait de bon, ou peu s'en faut, il l'avait reçu de Descartes, et que s'il lui avait pris aussi ce qu'il avait de mauvais, en l'exagérant encore, ses erreurs mêmes étaient la preuve de son cartésianisme.

Restreindre, en la déterminant, la part du cartésianisme dans les erreurs de Spinoza, tel sera donc le but principal de cette étude. Quant à celle du Judaïsme ou de la Kabbale, on sera forcé d'avouer qu'elle est bien petite en face de cette autre influence décisive et prépondérante.

Leibniz a formulé son jugement sur les rapports de Descartes et de Spinoza dans trois phrases célèbres qu'on peut considérer comme les trois parties d'une même et unique sentence.

La première, et la plus connue, est en tête d'une

lettre à l'abbé Nicaise : il lui écrivait en 1697 (1) :
« On peut dire que Spinoza n'a fait que cultiver certaines semences de la philosophie de M. Descartes. »

Ce même jugement reparaît plus tard sous une forme plus accentuée et plus brève : « Le Spinozisme est un Cartésianisme outré. »

Enfin il l'explique dans sa *Réfutation* inédite, en ces termes : « Spinoza, dit-il, a commencé là où a fini Descartes : dans le Naturalisme; *in naturalismo.* »

On trouve ce jugement trop sévère pour Descartes, trop indulgent pour Spinoza, tout en reconnaissant qu'il est équitable dans sa plus grande partie. Nous croyons qu'il est vrai dans son ensemble, nous le croyons surtout bien enchaîné et parfaitement lié dans ses trois parties, et nous nous étonnerions plutôt qu'admettant les deux premières, on voulût rejeter la dernière. Reprenons-les toutes trois, et voyons si elles ne se déduisent pas très-logiquement les unes des autres : « Spinoza, nous dit Leibniz, n'a fait que cultiver certaines semences de la philosophie de M. Descartes. » Rien n'est plus certain, et, quant à cette première partie de

---

(1) Leibniz. *Lettre à l'abbé Nicaise*, 1697. Cousin, *Fragments de philosophie.*

l'arrêt, nul ne songe à la révoquer en doute. Oui, Spinoza n'a fait que cultiver certaines semences de Descartes ; *certaines* et non pas *toutes* ; c'est là notre unique réserve, mais c'est précisément celle que Leibniz a faite lui-même. Leibniz ne dit pas que Spinoza n'a trouvé dans Descartes que des germes de panthéisme ; au contraire, il attribue à Descartes des germes de spiritualisme ; mais à côté de ces germes et comme mêlés ensemble, il en trouve d'autres qui ne sont ni aussi innocents, ni aussi purs ; et c'est à l'éclosion de cette semence, au développement de ces germes que s'est surtout consacré Spinoza. Voilà ce que dit Leibniz, et tout le monde accepte son jugement avec cette restriction qu'il a faite et qui est une bien forte présomption en faveur de son impartialité.

Il en est de même de ce *Cartésianisme outré* qu'il impute à Spinoza. Oui, le Spinozisme est un Cartésianisme outré. Son œuvre entière est là pour l'attester. Je ne parle pas seulement de ces principes de philosophie cartésienne qu'il a réduits en axiomes, mais qui pourraient fort bien n'être qu'un ouvrage de seconde main, mais de ses propres écrits, de ceux qui lui appartiennent en propre pour le fond comme pour la forme et dont personne ne peut récuser le témoignage, tels que le *De intel-*

lectûs emendatione, l'Ethique et ses lettres à divers. Qu'est-ce que ce traité de la *Réforme de l'Entendement*, malheureusement inachevé, sinon la suite et l'amplification du *Discours de la méthode*, avec l'explication de ce qu'il faut entendre par idée vraie, idée fausse, idée simplement douteuse, et surtout par cette idée de Dieu qui nous apparaît ici comme chez Descartes, marquée du caractère de l'infini, et comme le modèle et le type parfait de toutes nos idées subséquentes? C'est le code le plus parfait de l'idéalisme, dites-vous? J'en conviens; mais le germe de cet idéalisme où l'a-t-il pris? à qui l'a-t-il emprunté? d'où l'a-t-il reçu? Est-ce des notions confuses de je ne sais quels kabbalistes hébreux? n'est-ce pas bien plutôt de l'immortel auteur des *Méditations*? Or, le premier livre de l'Ethique n'est que le développement de l'*Idea Dei*, développement outré, j'en conviens, exagération redoutable, je ne le nie pas; mais Leibniz ne le nie pas non plus, il l'affirme au contraire; et ces mots de Cartésianisme outré, de semences cartésiennes immodérément développées qu'il emploie, marquent assez ses réserves et témoignent de sa bonne foi. Que sera-ce donc si l'on remarque que le sujet même qu'il a traité et l'idée fondamentale de son œuvre : *Ethica*, une *Morale*, lui avait été pour ainsi dire léguée par Descartes, qui avait plusieurs fois exprimé le regret de ne pouvoir point la faire, et qui semblait en confier le soin à ses successeurs immédiats ? N'est-ce point, en effet, et peut-être l'unique lacune du Cartésianisme que ce défaut d'une morale toujours annoncée, et sans cesse ajournée ? Spinoza a voulu combler cette lacune, et c'est en la comblant qu'il a ouvert et creusé l'abîme qui sépare de plus en plus les siècles modernes du siècle où vécurent Descartes et Spinoza. C'est donc bien véritablement un Cartésianisme outré, exagéré, et par conséquent corrompu, et je ne puis comprendre qu'on ait voulu faire à Leibniz une querelle de mots, et prétendre que ce correctif de *cartésianisme outré* ne suffit pas, que celui de *cartésianisme corrompu* valait mieux. Car il est bien évident que l'exagération d'une doctrine a toujours pour conséquence extrême, mais forcée, la corruption de cette doctrine : un Descartes outré est un Descartes faux. L'art nous a depuis longtemps initié à ces bizarreries de la forme humaine : on arrive logiquement, de déduction en déduction, à pervertir les formes les plus achevées en un type de laideur repoussante. Voyez l'œuvre de Léonard de Vinci ; ce même procédé appliqué à Descartes ne pouvait pas donner un autre résultat, et la corruption la plus dangereuse devait en être la suite, suivant la maxime profonde : *Corruptio optimi pessima.* C'est donc s'amuser à des vétilles que de discuter longuement sur la question de savoir s'il valait mieux faire du Spinozisme un Cartésianisme outré ou bien un Cartésianisme corrompu.

Mais Leibniz va plus loin, et en cela, bien différent de la plupart de nos philosophes, il prétend expliquer sa sentence et conclure son arrêt : « Spinoza, dit-il, dans cette formule explicative et dernière, a commencé là où a fini Descartes. » Jusqu'ici rien de mieux, et je doute que les critiques les plus sévères et les plus perspicaces eussent rien vu à reprendre dans cette formule qui pourrait à bon droit paraître banale : « Spinoza a commencé où a fini Descartes. » Cela ressort des deux jugements qui précèdent : Du moment qu'il n'a fait que cultiver certaines semences de M. Descartes, et que sa doctrine n'est que du Cartésianisme outré, il est trop évident qu'il a pris son point de départ dans la philosophie de Descartes, qu'il est parti du point même où s'était arrêté son illustre devancier. C'est le résumé de ce qui précède, c'est la loi des systèmes, c'est un axiome mille fois démontré par l'histoire de la philosophie. Mais Leibniz a voulu caractériser d'un mot ce point de départ de Spinoza qui aurait été le point d'arrivée de Descartes. Et c'est ce mot qu'on ne lui pardonne point. Leibniz a dit ce mot : Grande audace par le temps de faciles compromis et de complaisances affectées qui court; et ce mot est un gros mot, ou du moins on feint de le trouver tel. Qu'est-il donc ? *In naturalismo* : dans le naturalisme! Là-dessus nos plus fiers critiques de lever les yeux au ciel, et de s'écrier d'un ton presque tragique : « Ici Leibniz ne fait plus de la critique, mais de la polémique. Nous ne voyons plus en lui qu'un adversaire passionné de Descartes et un rival au lieu d'un juge. » Notez bien que ce jugement passionné d'un rival qui cesse par là même d'appartenir à la critique, que cette accusation malséante qui sent la polémique, sont extraits de notes intimes, hier encore inédites, sur un livre de Wachter, œuvre de vraie, sincère et loyale critique aux yeux de ceux-là même qui jouent l'indignation vertueuse du critique honnête en face d'un polémiste éhonté. Notez encore que ces critiques dont Leibniz a blessé la pudeur par son inconvenance de langage trouveraient d'ailleurs son jugement équitable, et le disent hautement, s'il avait su voiler la conclusion. Car que leur importe le fond, si la forme est sauve ? Mais la susceptibilité jalouse de nos spiritualistes s'est effarouchée d'un mot; ce mot est choquant, il sonne mal pour des oreilles spiritualistes, et c'est assez pour motiver leur effroi, la peur du mot propre étant, à ce qu'il semble, un signe de spiritualisme. Aussi voyez quels grands airs ils prennent avec Leibniz. C'est un homme jaloux, un rival de Descartes, bien qu'il fût mort depuis plus de cinquante ans. Son jugement sur Spinoza dans un livre sur Wachter, à propos de philosophie juive, est une ruse, une manière détournée, un stratagème enfin pour atteindre Descartes par-dessus la tête de Spinoza. Leibniz passait jusqu'ici pour un vrai philosophe, un critique honnête; détrompez-vous; il l'a été peut-être autrefois, il ne l'est plus, depuis qu'il s'est permis d'attaquer dans une phrase incidente le fondateur du spiritualisme moderne. Cette impartialité qui a conduit sa critique jusqu'ici l'abandonne tout à coup; qu'il fasse de la polémique anticartésienne à son aise dans le Journal des savants ou dans les actes de Leipzig, mais pour de la critique, c'est autre chose; il a cessé de faire partie des critiques et a passé dans le camp des plus vulgaires polémistes pour avoir osé dire que Spinoza avait commencé là où avait fini Descartes.

En vérité, si cette colère est feinte, il faut avouer qu'elle est bien jouée. Mais qui espère-t-on tromper ici? Comment peut-on croire que l'on fera passer tour à tour, et un peu au gré de son caprice, Leibniz pour le plus ingénieux des critiques et pour le plus décrié des polémistes? Et cela parce qu'il a dit que Spinoza avait commencé là où avait fini Descartes, à savoir dans le naturalisme. Hé quoi! cet esprit d'impartialité qui conduit sa critique, vous le reconnaissez, et qui lui a dicté sur Descartes deux arrêts équitables, l'aurait abandonné tout à coup. Le critique honnête ne serait plus qu'un libelliste et un diffamateur.

Comment en un plomb vil l'or pur s'est-il changé?

Mais voyons d'abord si nos critiques ont compris cet arrêt, et sont restés de sang-froid en le lisant, comme il convient à la froide et impartiale critique. Et d'abord savent-ils bien le sens qu'attribuaient le xviie siècle et Leibniz à ce mot de naturalisme? Est-ce bien l'équivalent exact de notre mot de matérialisme? N'y a-t-il pas au moins une nuance entre le naturalisme de Spinoza et le matérialisme de d'Holbach et de Lamettrie? Et puis dans l'énoncé même de la sentence qui frappe Descartes et Spinoza, n'y a-t-il pas un correctif essentiel en ce qui touche Descartes et des réserves formellement exprimées? Relisons cet arrêt : *Spinoza incepit ubi*

Cartesius desinit, *in naturalismo*.... Spinoza a commencé là où a fini Descartes. *Spinoza incepit*... *Cartesius desinit.* Il y a dans cette opposition si nettement formulée plus qu'une simple figure de langage; Leibniz a voulu dire, il a dit que si tous deux ont un point commun, le naturalisme, ils n'en sont point partis tous deux, mais que Spinoza seul y a pris son point de départ, et en a admis toutes les conséquences. Spinoza y a pris son point d'appui; Descartes n'y est tombé que très-tard et sur la fin. Pour l'un, c'est un piédestal, et peut-être un trône; pour l'autre, c'est une chute qu'il n'a pu complétement éviter. Descartes a lutté avant d'en arriver là; Spinoza s'y est reposé et s'y est donné tout entier dès les premiers jours; l'un n'a pu l'éviter, l'autre est allé au-devant. *Spinoza incepit*: Descartes n'a pas commencé par là, il a commencé par la tendance contraire. Ce n'est qu'à la fin, quand le souffle du Spiritualisme ne le soutient plus, qu'il se laisse aller à ce naturalisme plus commun alors qu'on ne pense: *Cartesius desinit.* Ceux qui ne voient pas là des réserves formelles, explicites, un correctif essentiel et nécessaire, ferment les yeux à l'évidence.

Une seule ressource resterait à nos critiques : c'est de dire que Leibniz, ordinairement si consciencieux, scrupuleux même dans les jugements qu'il porte, a négligé de motiver celui-ci, que rien ne prouve qu'il y ait dans les dernières œuvres de Descartes des germes de naturalisme, et que Spinoza les lui ait empruntés. Mais alors s'il ressort de l'examen des œuvres inédites de ce philosophe sur Descartes et Spinoza que ces germes existent, et que Spinoza n'a fait que les développer avec excès, il faudra bien convenir que les œuvres inédites de Leibniz sont bonnes à quelque chose, puisqu'elles peuvent servir à redresser de vieilles erreurs et à empêcher nos plus ingénieux critiques d'en commettre de nouvelles.

J'abandonne ici la physique cartésienne; j'ai précédemment exposé les difficultés très-graves qu'elle soulève, de manière à n'y plus revenir. Leibniz a prouvé d'ailleurs que cette physique renferme des germes de panthéisme, et que Spinoza n'a fait que les développer immodérément. Il a même, et ceci est plus piquant (car nous avons ici tout à la fois et la critique de la physique cartésienne et la plus fine satire du Spinozisme), il a essayé, dis-je, d'en démontrer à Spinoza la fausseté sans pouvoir arriver à le convaincre. La préoccupation de Spinoza était si grande qu'il paraît d'abord ne pas comprendre. Ici donc Spinoza donne par trop raison à Leibniz. C'est un point d'ailleurs qui n'est point contesté. Les plus intrépides défenseurs de Descartes ne nient pas qu'il eut une physique panthéiste.

J'ai hâte d'arriver à la psychologie et à la morale, et de montrer sur ce point les rapports et les différences entre Descartes et Spinoza. La nature de l'âme et les rapports de l'âme au corps, ne sont-ce point là les mérites solides du Cartésianisme et les côtés faibles du Spinozisme? Ecoutez comme ils en parlent : « Si de Dieu je passe à l'homme en m'attachant aux points essentiels, il me semble que tous les efforts de Spinoza pour sauver la morale et pour maintenir l'unité de la personne humaine, ont complétement échoué... Il nie la liberté dans l'homme, il la nie en fait et en droit.... Il n'a pas la distinction du bien et du mal. Voyons si Spinoza conservera au moins à l'âme son unité. — Pas davantage. — Cette théorie d'une âme sans unité, d'un moi formé pour ainsi dire de pièces et de morceaux, a quelque chose de si absurde, que plus d'un panthéiste sera tenté peut-être de sauver le principe de son système aux dépens de Spinoza. Il n'a pas mieux réussi à faire entrer dans son système l'immortalité de l'âme... L'âme humaine est un automate spirituel mû par trois ressorts : le désir, la joie et la tristesse. La vertu n'est pas libre. La béatitude n'est pas le prix de la vertu. L'acte n'a pas de réalité. Les passions nous mènent. Nous sommes des esclaves. Le sage seul est libre ; exception glorieuse à la règle commune, mais tellement rare qu'on peut la négliger dans l'ensemble... Voilà mes objections : principes arbitraires, conséquences impies, tel m'apparaît, malgré sa puissante et belle ordonnance, le système de Spinoza. »

Descartes est-il le père de tous ces monstres ? évidemment non, et les différences éclatent à tous les yeux. Et d'abord c'est Spinoza lui-même qui le raille dans l'orgueilleuse préface du troisième livre de l'Ethique sur ce qu'il appelle ses défaillances et ses erreurs. Les défaillances de Descartes, à l'en croire, c'est d'abord de nous accorder un pouvoir souverain sur nos passions, tandis que nous sommes fatalement régis par elles. C'est en second lieu de professer une théorie du libre arbitre qui lui paraît souverainement absurde, parce que nous sommes nécessairement déterminés à agir et que nous n'avons point de libre arbitre. C'est enfin de croire à l'immortalité de l'âme, à l'intelligence, à la volonté, au bien, au mal, qui ne sont que des rapports subjectifs et arbitraires de notre individualité vaniteuse et méprisable. Les erreurs de Descartes, c'est, avec plus de raison cette fois, cette physiologie au moins singulière qui recourt à la glande pinéale et au mouvement des esprits pour sauver l'unité monarchique très-compromise de son petit monde et la souveraineté menacée de l'âme humaine, dernier retranchement de réserve, vraiment trop faible pour résister longtemps aux assauts du Spinozisme. Descartes croit encore que nous sommes un empire dans un empire : *Imperium in imperio;* il est vraiment bien poli de mettre ainsi l'homme en face de la nature, et de lui laisser au moins l'apparence du beau rôle.

Telle est la critique de la psychologie et de la morale cartésiennes faite par Spinoza lui-même. On y remarque deux choses : ce sont d'abord les différences très-nettes et très-tranchées qu'elle établit entre Descartes et Spinoza et dont nous prenons acte. Mais c'est aussi le ton d'assurance, je dirais presque de suprême impertinence avec lequel Spinoza note ces points faibles du Cartésianisme. On dirait un homme qui est sûr de lui et non moins sûr de Descartes, et qui ne veut pas le pousser dans ses derniers retranchements; qui en sait plus sur ce qu'a pensé Descartes que Descartes lui-même et qui seul a le secret de ses doctrines. Le Spinozisme ne serait-il donc que l'ironie du Cartésianisme?

Car enfin on ne saurait nier que l'ironie de Spinoza ne porte pas absolument à faux. Descartes, aux yeux des spiritualistes, me paraît surtout avoir le mérite de s'arrêter à temps. Sur toutes ces questions délicates de l'infinité du monde, de l'immortalité de l'âme, des rapports de la philosophie et de la théologie, il n'a pas d'enseignement dogmatique, il n'a que des aperçus. Il enseigne l'existence de Dieu et la simplicité de l'âme humaine ; pour tout le reste, il n'appuie pas, et quelquefois même il a des paroles étranges et qui font penser. Ce sont ces paroles que Leibniz a notées et qui, sans justifier Spinoza, l'excusent pourtant, lorsqu'il raille le pouvoir souverain de l'homme sur ses passions, ou le libre décret de Dieu statuant sur le bien et le mal, et faisant les vérités de la métaphysique ou des mathématiques. Son mécanisme physique, sa théorie sur l'automatisme des bêtes, toute sa physiologie enfin semblaient le conduire à une psychologie mécanique. Son homme, roi de la création, maître de lui-même et destiné à l'empire du monde, ne pouvait tenir devant la grandeur de Dieu, ni surtout devant la grandeur de l'univers. Ses études, de plus en plus pratiques, le conduisaient à une idée assez matérielle de la vie, à une sorte de naturalisme latent auquel il semblait faire allusion lorsqu'il disait : « J'estime que les vérités de la physique sont le fondement de la morale la plus parfaite et la plus profonde. Le *Traité des passions* me paraît marquer cette phase naturaliste, et justifier le mot de Leibniz : *Spinoza incepit ubi Cartesius desinit : in naturalismo.*

Deux faits peu connus donnent quelque consistance à ce soupçon de naturalisme. On peut voir à Hanovre diverses feuilles d'extraits et de notes faits par Leibniz et qui portent ce titre : *Meditationes de affectibus*, avec cette suscription : *hæc partim mea, partim aliena, aliena vero in multis corrigenda.* Ce sont les définitions du Traité des passions rapprochées et confondues avec celles du troisième livre de l'*Ethique.* La série est continue, l'enchaînement parfait et les conséquences logiquement déduites. Or, quelle est l'idée fondamentale de cette psychologie un peu confuse où nous surprenons la collaboration de Descartes, Spinoza et Leibniz? La voici dégagée par Leibniz lui-même : c'est que la passion est une pensée comme une autre, que l'esprit entre dans ces séries de pensées, que ces séries suivent des lois fatales et presque mécaniques, que la plus forte l'emporte sur la plus faible, et que le fatalisme enfin ne se peut éviter.

On sait aussi la singulière, mais très-significative méprise arrivée à un éditeur de Leibniz au sujet du *de Vita beata* ou d'un petit discours sur le bonheur. M. Erdmann ne s'était pas contenté de publier ce traité, il avait cru pouvoir en tirer des inductions d'après lesquelles la morale de Leibniz serait elle-même puisée aux sources de l'Ethique de Spinoza. En effet, on trouvait dans ce fragment quelques phrases presque textuellement empruntées à l'Ethique et au traité de la Réforme de l'entendement, et l'on pouvait croire que c'était un petit écrit spinoziste. Mais MM. Guhrauer et Trendelenburg ont prouvé que ce petit discours était exclusivement composé de centons de Descartes et n'était, dans l'intention de son auteur, qu'une mosaïque cartésienne. M. Erdmann avait eu le tort de s'arrêter à Spinoza qui n'était ici que le canal de la doctrine cartésienne, il eût dû remonter à la source et consulter Descartes lui-même, où elles se trouvent tout au long et où Spinoza les avait prises avant Leibniz. Ainsi la morale de Descartes et celle de Spinoza peuvent se confondre. Voilà des thèses cartésiennes sur le bonheur, qui ont paru spinozistes à de bons juges. Ce rapprochement est curieux et cette méprise très-significative. Elle établit les rapports de Descartes et de Spinoza.

De ce point de vue le rapport est évident et la filiation directe. Deux hommes qui ont à peu près la même manière de voir sur la béatitude ou le bonheur suprême, qui prennent tous deux l'idée de la souveraine perfection pour guide, pour qui le bien et le mal sont des rapports arbitraires, qui ont une confiance absolue dans l'ordre universel, qui nous disent dans les mêmes termes d'aimer la vie et de ne pas craindre la mort, qui cherchent dans la nature représentative de l'âme humaine l'explication de tout, qui réduisent les passions aux pensées parce qu'ils ne peuvent les ramener à de l'étendue, qui entendent à peu près de même le rapport de l'entendement à la volonté, dont la principale différence est que l'un n'a pas une idée bien claire de la liberté humaine et l'admet sans l'expliquer, tandis que l'autre la nie parce qu'il ne peut pas l'expliquer, ces deux philosophes sont bien près de s'entendre et nous ne voyons pas absolument la nécessité de s'écrier d'un air tragique :

« Voilà ce qu'est devenue entre les mains d'un disciple infidèle la doctrine du maître... Jusqu'à présent donc il nous est impossible de donner les mains à la sentence célèbre portée par Leibniz; et loin de voir dans le Spinozisme un développement excessif du Cartésianisme, nous y trouvons la plus radicale et la plus éclatante déviation! (1) »

(1) M. Saisset, Introduction, pag. 240.

Soyons sincères. Descartes le premier a amené la psychologie sur cette pente dangereuse où l'a lancée Spinoza. Le *traité des Passions* renferme des germes évidents de fatalisme.

Mais, est-ce à dire que tout soit fataliste même dans ce traité, et qu'à côté de ces germes dangereux il n'y ait point aussi des germes de spiritualisme? Telle n'est point notre pensée, et il est temps de faire voir que si Descartes a déjà dans ce livre certaines semences de panthéisme qui ne se développeront que dans Spinoza, il y a une différence radicale entre les deux hommes qu'ils nous présentent. Descartes a prêté ses définitions des Passions à son périlleux disciple; mais eût-il accepté l'usage qu'il en fait? Eût-il reconnu son œuvre dans ce troisième livre de l'Ethique, où on le défigure en l'exagérant et en outrant tout? L'homme de Descartes, emporté dans le tourbillon de sa planète, a, je le veux bien, certains traits de l'homme de Spinoza, mais il s'en distinguera toujours par une sorte de grandeur toute française et du temps, quen'a pas l'homme de Spinoza. Descartes nous reconnaît un pouvoir absolu sur nos passions : il en fait des *pensées*, il compose son homme idéal de générosité et de magnanimité, il le remplit du sentiment de la vénération et du respect; il développe au plus haut point celui de l'admiration. Voilà l'homme de Descartes, machine si l'on veut, machine dont le respect et la générosité sont le mobile, mais qui a bien son prix lorsqu'on pense que ces machines s'appelaient Condé, Turenne et Vauban, et réfutaient La Rochefoucauld. Spinoza, lui, s'élève au-dessus de ces misères, il le croit du moins; et nous présente l'homme universel sans distinction de patrie ni de religion. Mais hélas! cet homme n'est qu'un esclave, fatalement broyé par les ressorts d'une autre machine incomparablement plus grande et plus forte, qu'il appelle l'univers. Ici le triomphe du mécanisme est complet. Qu'on ne nous dise donc plus que Descartes et Spinoza se valent pour la morale. Qui donc a rayé le repentir et l'humilité de la liste des vertus? Qui a tenu moins de compte de cette poussière humaine qu'il traite avec un mépris plus juif que chrétien? Qui a anéanti l'homme d'une façon plus effroyable devant la substance infinie? Qui a triomphé de son esclavage et ri de sa liberté ou de ce qu'il appelle de ce nom? Qui lui a répété sur tous les tons, sans cesse et sans relâche, qu'il n'a qu'à se soumettre à l'ordre universel et à se laisser broyer par lui? Spinoza a écrit le livre de *l'Esclavage*. C'est son chef-d'œuvre. Le livre de *la Liberté* qui le suit est un leurre comme sa morale, comme son amour de

Dieu; *phaleras ad populum*, disait énergiquement Leibniz. Il excelle au contraire à rendre ces états passifs, dont il trouvait la source dans l'imagination et ses idées confuses. On ne rend bien que ce que l'on conçoit bien. Spinoza ne concevait que la servitude de l'homme. La lutte antique de l'Esprit et de l'Imagination, l'une, source d'idées claires, l'autre, d'idées confuses, s'y retrouve avec ses péripéties émouvantes; on dirait un de ces drames de l'Inde, féconds en créations ou plutôt en ébauches de créations gigantesques et auxquels ne manquent que des caractères. L'homme de Spinoza n'est pas le Dieu tombé de Pascal, le monde en raccourci de Leibniz; c'est le flot qui naît et qui meurt sur la mer de la substance, c'est le vase dans les mains du potier qui le pétrit pour la gloire ou pour l'infamie.

La morale qui découle de ces principes est connue. C'est un système égoïste qui ne parle à l'homme que de *vivre*, de *conserver son être*, de *chercher son intérêt*, qui s'appelle morale et n'a pas l'idée de la moralité, qui fait synonymes et confond perpétuellement l'être et la perfection, la puissance et la vertu, le bien et l'utile, la beauté et la laideur, qui nous livre sans défense à la puissance des causes extérieures, qui met le droit dans la force, la connaissance du bien et du mal dans l'instinct triste ou joyeux (1), qui fait de l'autonomie, de la liberté, du *self government* le rêve éveillé de l'âme humaine (2), qui nous abat jusqu'à la prostration bestiale, ou nous exalte jusqu'à l'orgueil titanique de l'archange déchu. C'est une sorte de stoïcisme, à l'élévation près, et de mysticisme sans Dieu. Aussi je comprends mal, je l'avoue, l'admiration de quelques modernes pour cette morale qui n'a pas l'idée même de la justice, qui supprime le mal parce que c'est plus commode ; qui déclare le péché nécessaire et n'en regarde pas moins le pécheur comme justement frappé ; philosophie sans entrailles qui ferait blasphémer Dieu, si le Dieu qu'elle nous laisse n'était plus sourd et plus aveugle que les antiques divinités de l'Inde : Siwa et Vishnou.

Spinoza, dit-on, veut conduire l'homme au bonheur, à la béatitude : c'est l'étude du souverain bien et de la vie parfaitement heureuse à laquelle il se livre dans son Ethique, et à laquelle la remar-

(1) La connaissance du bien ou du mal n'est autre chose que la passion de la joie ou de la tristesse en tant que nous en avons conscience. *Ethiq.* III. pr. 8.

(2) Tout ce que je puis dire à ceux qui croient qu'ils peuvent parler, se taire, en un mot agir, en vertu d'une libre décision de l'âme, c'est qu'ils rêvent les yeux ouverts. *Ibid.* pr. 2, et scolie.

quable préface de la *Réforme de l'Entendement* nous convie. C'est l'amour de Dieu sous sa forme la plus pure, la plus intellectuelle et la plus raffinée auquel il aspire; c'est la tranquillité de l'âme qui est sa fin suprême, son but et son tout.

Ceux qui en parlent ainsi ne devraient pas faire difficulté de le comparer à Descartes, ni même de le trouver très-supérieur à son maître. Pour moi, il m'est impossible d'y voir autre chose que le rêve du plus monstrueux égoïsme et une nouvelle forme de la morale de l'intérêt. Il nous prêche l'indifférence, il nous dit que les crimes les plus atroces, les forfaits les plus honteux, les injustices les plus noires n'existent que dans notre conception troublée et notre tête confuse; et que le sage est bien fou de se troubler pour si peu. N'est-ce pas là de l'égoïsme, et cette paix si chère au sage n'est-elle pas conquise aux dépens de la moralité? Hé quoi! les plus grands désordres nous laisseront indifférents, les souffrances de nos frères, le gémissement des nations qui naissent ou qui meurent, et la grande voix de l'histoire qui prédit les grandes catastrophes nous laisseront impassibles, et la froide raison nous consolera de tout! N'est-ce point là un horrible égoïsme? et ne vaut-il pas mieux encore avoir des idées mutilées dans la tête qu'un cœur pétrifié dans la poitrine ? Ses préceptes de salut et ses conseils d'hygiène morale ne sauraient avoir de résultats pratiques. Il nous dit qu'il faut vaincre la haine par l'amour, et la colère à force de générosité; mais mon admiration diminue, quand je vois que d'après sa recette tout se passe encore dans la pensée, que ce sont des haines idéales qu'il faut vaincre par un amour non moins idéal, et des colères imaginaires dont il faut se débarrasser par des pensées généreuses. Il intellectualise nos joies, nos amours, nos passions, nos désirs.

Son amour de Dieu, comme le lui dit fort bien Leibniz, n'est qu'un leurre, c'est un peu de poudre d'or jetée aux yeux de la foule ignorante, *phaleras ad populum*.

Nous sommes loin de cette exacte sévérité aujourd'hui. Spinoza est un sage de l'Inde, un Mouni indien, un Sophi persan, un mystique enfin (1). Le mysticisme de Spinoza est une des plus étranges pensées de la critique moderne. C'est une de ces

---

(1) Voir sur tout ceci la très-curieuse dissertation de M. Saisset. Il est à regretter qu'une erreur sur Jacobi la dépare. M. Saisset lui fait honneur de cette thèse sur le mysticisme de Spinoza. Voici celle qu'il envoyait à Mendelsohn :

« 1. Spinozismus ist Atheismus. » « II Die Calbalistiche philosophie ist, als philosophie, nichts anderes, als unentwickelter, oder verworrener spinozismus. »

nouveautés téméraires que l'on offre aux amateurs de paradoxes, et qui ne résistent pas à l'examen qu'on en fait. C'est une tactique percée à jour pour contrebalancer l'effet du jugement de Leibniz, et laisser la pensée du lecteur hésitante entre ces deux pôles extrêmes de toute critique : « Athéisme et mysticisme. »

Mais on ne réussira pas à nous donner ainsi le change. Qui part de la nature aboutit à la nature et ne saurait s'élever à Dieu, disait Jacobi. Le Dieu de Spinoza n'est que le principe aveugle de l'existence. Il n'a ni volonté ni intelligence. Son unité même est fort compromise ; car elle n'est d'après la prop. V que l'identité des indiscernables qui n'exclut pas la composition ni la pluralité. Sa nature naturante est consubstantielle à sa nature naturée. Son Dieu, c'est la matière, non pas sans doute cette matière un peu rude, sans loi, sans propriétés connues, *rudis indigestaque moles* des premiers panthéistes, mais une matière plus polie, plus scientifiquement traitée, plus habilement coordonnée, et pour tout dire enfin, une matière devenue un objet d'intuition interne.

« Il y a trois formes d'athéisme, disait encore Jacobi ; l'une, par trop primitive, n'est que le produit d'une raison bornée qui ne voit que la matière, et disparut assez vite et d'elle-même, quand l'homme se mit à considérer le monde moral; la seconde, qui n'est qu'un système d'incrédulité assez logiquement déduit, trouve encore assez aisément sa fin dans le sein de la vraie sagesse. Mais la troisième, produit d'une raison orgueilleuse et s'exaltant dans son orgueil, contemporaine de notre grand siècle mathématique, des Descartes, des Newton, des Huyghens, codifiée par Spinoza, revêtue par lui des livrées de la géométrie et élevée à sa plus haute puissance scientifique, ne disparaîtra que peu à peu devant les leçons de l'histoire et de la philosophie. Le Spinozisme est ce troisième et dernier athéisme. *Spinozismus ist atheismus.*

Leibniz a donc bien vu, lorsqu'également éloigné des deux extrêmes, le mysticisme et l'athéisme, il a rendu cette sentence qui restera : « Spinoza a pris son point de départ dans le naturalisme que Descartes lui-même n'a pu sur la fin entièrement éviter. »

Elevons le débat, la question en vaut la peine : que Descartes, Spinoza et Leibniz lui-même, ces grandes individualités, et ces hautes raisons, toujours courtes par quelque endroit, — disparaissent; ne laissons debout que ces trois grands noms, la Philosophie cartésienne, l'Esprit toujours vivant du Panthéisme, et le Spiritualisme cherchant encore sa forme définitive. J'affirme que la philosophie cartésienne a porté dans ses flancs ces deux enfants si dissemblables : le Panthéisme et le Spiritualisme (1) : j'affirme et je maintiens que la Philosophie cartésienne au xvii° siècle, et très-peu de temps après la disparition du maître, a été animée, agitée, combattue par ce double esprit qui luttait en elle, et qu'elle pouvait dire avec autant de vérité que Hégel dans la préface de la Phénoménologie : « La lutte avec les formes de la Terre, la lutte de Jacob avec l'Ange est commencée! »

Voyez Malebranche, le premier et le plus saint des cartésiens, le doux Malebranche a beau, dans ses lettres à Mairan, déverser l'injure et l'anathème sur Spinoza, il n'est lui-même qu'un Spinoza chrétien. Son Dieu qui est l'Etre en général est toutes choses : *omnia entia* (2) ; il le dit positivement, et il nous en donne une vue directe dans chacune de nos pensées par sa *vision en Dieu*.

(1) Un Allemand, le prof. Sigwart, s'était, au commencement de ce siècle, élevé à ce point de vue plus général d'une étude comparée de la philosophie cartésienne avec la philosophie spinoziste. On peut lire son savant travail : Uber den Zuzammenhang des Spinozismus mit der cartesianischen philosophie.

(2) « La substance divine prise absolument et — en tant que relative aux créatures et participable par elles. » Et ailleurs :

C'est là sans doute ce qui faisait dire à Jacobi : « Toute démonstration est fataliste ; » et à Kraus : « Il y a un Spinozisme inné. La philosophie de tous les temps porte en elle ce Protée. » La Hollande est pleine de Cartésiens Spinozistes, comme Louis Meyer et Schuter. Delaforge et Clauberg développent surtout les germes de naturalisme que contenait le *Traité des passions*. Mais Geulincx surtout nous démontre par son exemple les rapports incontestables qui unissent la philosophie cartésienne au Spinozisme ; il a voulu faire une morale avant Spinoza. Cette morale existe, c'est sans contredit le livre le plus important qui soit sorti du cartésianisme hollandais. Qu'est cette morale ? une théorie de la *valeur* au point de vue éthico-physique. C'est comme une épreuve avant la lettre de l'Ethique de Spinoza. Ce n'est donc pas un rapport fortuit. Il y a là une loi, un principe d'enchaînement, loi logique, enchaînement fatal qui s'impose à l'esprit. La morale spiritualiste ne pouvait naître et se développer d'un Cartésianisme immédiat : elle n'était

---

« C'est une propriété de l'être infini, d'être un et en un sens toutes choses, c'est-à-dire, d'être parfaitement simple, sans aucune composition de parties, de réalités et d'être imparfaitement participable en une infinité de manières par différents êtres. C'est ce que tout esprit fini ne saurait comprendre. »

point de la substance et de la moelle du Cartésianisme. Il y a fallu le travail du temps, les remaniements, les corrections et les retouches savantes, mais arbitraires de M. Cousin. Voilà ce que prouvent l'histoire et la philosophie. Voilà ce qu'avait vu l'esprit pénétrant de Leibniz, qui ne s'est point fait illusion sur son siècle, sur la philosophie de son temps et sur ce fonds de naturalisme que les merveilleux progrès des sciences naturelles avaient inoculé à Descartes, parti de principes bien différents, mais ramené au naturalisme par l'étude de la nature, de même qu'il était ramené à Dieu par l'étude de l'homme.

Il y a deux termes de toute étude : la nature et l'homme; suivant que l'on part de l'un ou qu'on s'attache surtout à l'autre, les résultats sont très-différents. Descartes avait bien commencé; il avait débuté par l'étude de l'homme intérieur, mais il l'a bientôt abandonnée pour celle de l'univers physique, qui l'attirait, et où il croyait surtout exceller. A mesure qu'il a pénétré plus avant dans ses recherches sur l'univers, l'homme s'est amoindri, diminué, réduit à un point imperceptible. C'est un effet de l'optique physique, bien connu de tous ceux qui ont philosophé sur le monde et sur Dieu, et fini par dédaigner le sage conseil du poëte :

Tecum habita et noris quam sit tibi curta supellex.

Descartes, tout grand homme qu'il est, a cédé à l'entraînement commun ; la nature a tout pris, et l'homme s'est effacé. Alors la psychologie n'a plus été qu'une annexe de son traité du *Monde* auquel il travaillait dans ses dernières années, et la morale qu'il annonçait sans cesse ne put être achevée. Descartes s'était pour ainsi dire fermé le monde moral en s'enfermant dans son monde physique. Il a fallu le réveil des idées morales, la révolution accomplie par Kant et le progrès du Spiritualisme en France pour permettre de reprendre l'œuvre de Descartes et la conduire à bien ! M. Cousin l'a pris, cet homme moral à peine ébauché; il a, avec sa rare pénétration d'artiste et de philosophe, deviné ses traits, suppléé à ce qui lui manque. Supposez le torse du Vatican dans les mains d'un grand artiste. Ce que Michel Ange n'eût point osé pour ce torse antique, M. Cousin l'a fait pour l'homme de Descartes, il n'a pas craint d'entreprendre le travail de cette restauration, et à force d'art et de passion, de zèle pieux et de sagacité inventive, il a réussi. L'homme moral de Descartes est debout désormais; le torse de l'Hercule moderne est réparé; sa puissante poitrine n'est plus un fragment inachevé dans l'œuvre de ce philosophe. La raison et la liberté évoquées par cet enchanteur sont de nouveau descendues sur cette base divine et humaine tout ensemble du *cogito, ergo sum*; le roc et le granit cartésiens sont debout, attendant un nouveau siècle et de nouvelles œuvres. Mais ces restaurations puissantes et hardies, ces résurrections miraculeuses ne s'accomplissent pas sans d'importants sacrifices et des suppressions décisives. L'homme apparaissant de nouveau et sorti tout vivant des pages immortelles du discours de la Méthode devait faire disparaître la nature si puissamment traitée par ce grand maître, et rejeter dans l'oubli toute une partie de son œuvre qui s'appelle la Physique cartésienne, celle-là même qui avait fait oublier l'autre à ses premiers disciples. La physique cartésienne disparue et supprimée, le jugement de Leibniz pouvait paraître étrange, et le naturalisme de Descartes au moins problématique. C'est ce qui a eu lieu. Une étude plus attentive nous a prouvé que les deux tendances existent et coexisteront longtemps encore. Il y aura toujours deux Descartes, l'un que Leibniz a connu, a produit Spinoza; l'autre, que le XIX° siècle aime et révère, a suscité M. Cousin. Qui se plaindrait de ce partage connaîtrait bien peu les incroyables ressources de l'esprit philosophique et l'infini qui est en Descartes.

NOTICE

sur le

DE RECONDITA

HEBRÆORUM PHILOSOPHIA

De WACHTER.

NOTICE

SUR LE

DE RECONDITA HEBRÆORUM

PHILOSOPHIA.

La bibliothèque de Hanover, dont le directeur a bien voulu faciliter mes recherches, possède dans ses archives un manuscrit de Leibniz, intitulé : *Animadversiones ad Joh. Georg. Wachteri librum de recondita Hebræorum philosophia.*

Cette critique inédite, entièrement de la main de Leibniz, renferme une réfutation de Spinoza par Leibniz. On pourrait s'étonner de la trouver dans une liasse qui porte le nom de Wachter, si l'on ne savait que celui-ci, philosophe et théologien, très accusé dans son temps de Spinozisme et assez versé dans la Kabbale, a justement entrepris de comparer la Kabbale et Spinoza, et d'en démontrer les ressemblances dans un livre intitulé : *De Recondita Hebræorum philosophia* ou *Elucidarius Kabbalisticus.*

Le livre de Wachter a pour but, comme le titre l'indique, de dévoiler la philosophie secrète des

Hébreux, et surtout de déterminer la part de légitime influence que peut revendiquer la Kabbale sur le plus douteux de ses adeptes, Benedict de Spinoza.

Si l'on en croit Wachter, cette part est immense. La Kabbale portait déjà dans ses flancs tout le panthéisme de Spinoza.

L'auteur d'un livre estimé sur la Kabbale, M. Franck, a déjà fait ressortir l'invraisemblance de ce mythe imaginé par Wachter, et d'après lequel l'ennemi de la tradition n'aurait fait que suivre la philosophie traditionnelle des auteurs de sa nation. Suivant M. Franck, l'influence prépondérante du Cartésianisme a effacé toutes les traces kabbalistiques, et suffit à tout expliquer.

Leibniz me paraît prendre un milieu entre ces deux opinions si nettement tranchées. Après avoir, dans sa lettre à l'abbé Nicaise, de 1697, parlé des semences de Cartésianisme cultivées par Spinoza; plus tard, et mieux informé, il ne peut s'empêcher de reconnaître dans sa Théodicée, que Spinoza était versé dans la Kabbale des auteurs de sa nation, et il le mêle à une tradition toute kabbalistisque que Spinoza, en effet, paraît avoir suivie.

Je pencherais en faveur de l'opinion de Leibniz. L'œuvre de Spinoza, sous une apparence de rigueur scientifique, est loin d'être une œuvre homogène. Sa Théodicée porte partout le souvenir de rêveries embarrassées sur Dieu et la production du monde, dont la physique cartésienne n'a pu le dégager complétement. Et l'on conçoit fort bien que cet accouplement du Cartésianisme et de la Kabbale dans un cerveau vigoureux, mais difforme, ait produit l'Éthique.

Qu'il me soit permis, en terminant cette courte notice, de rendre un hommage mérité au gouvernement de Hanover qui, révérant dans Leibniz le maître de Sophie Charlotte, et le conseiller d'Ernest-Auguste, entoure d'une sorte de vénération la mémoire de ce grand philosophe, et qui a élevé un monument digne de Phidias à ce digne émule de Platon.

REMARQUES CRITIQUES

DE

LEIBNIZ

D'APRÈS LE MANUSCRIT ORIGINAL

DE LA

BIBLIOTHÈQUE DE HANOVRE.

REMARQUES CRITIQUES DE LEIBNIZ

D'APRÈS

LE MANUSCRIT ORIGINAL DE LA BIBLIOTHÈQUE ROYALE
DE HANOVRE.

L'auteur dit dans la préface que les premiers Chrétiens ont reçu la philosophie des Hébreux, mais c'est plutôt des Platoniciens, dont la tiennent les Juifs eux-mêmes, comme Philon.

De l'avis de notre auteur, c'est l'antique philosophie des Hébreux qu'a suivie Benedict de Spinoza, juif de race portugaise, et, si nous l'en croyons, Spinoza a reconnu la divinité de la religion du Christ tout entière; mais je m'étonne que l'auteur puisse dire cela après avoir confessé que Spinoza a nié la résurrection du Christ.

(1) Nous avons publié le texte latin dans la 1re édition. Cette traduction n'a pas été critiquée : il ne peut donc y avoir aucun doute sur sa fidélité !

Un certain Augustin (J. P. Speeth, voy. Lett. de Spener) vivait depuis longtemps à Sulzbach auprès de Knorr (1), mais il se dégoûta de son sort, se fit juif et prit le nom de Moses Germanus (2). L'auteur, qui avait rencontré notre homme à Amsterdam, écrivit contre lui un livre appelé : le Monde déifié : il y attaque Spinoza et ce Mosès, et aussi la Kabbale des Hébreux, parce qu'elle confond Dieu avec le monde. Dans la suite, il se crut mieux renseigné. Maintenant donc il défend la Kabbale des Hébreux et Spinoza, et cherche à prouver que Dieu et le monde ne sont pas confondus par eux; mais en cela il ne satisfait guère.

Pour eux, en effet, Dieu est comme la substance, et la créature comme l'accident de Dieu. Buddeus (dans l'Observ. spécial de Halle) avait écrit une défense de la Kabbale des Hébreux contre quelques

---

(1) Christian Knorr, baron de Rosenroth, auteur du livre intitulé : La Kabbale dévoilée, ou la Doctrine transcendantale des Hébreux, etc.; Sulzb., 1677, in-4°. Leibniz le connaissait, il alla le visiter lors de son passage à Sulzbach, et s'entretint avec lui de divers témoignages des Hébreux et des Kabbalistes en faveur du Christ, et surtout d'un livre inédit qui a pour titre : Le Messie Enfant. (V. Lett. de Leib. à Job Ludolf.)

(2) Jean-Pierre Speeth, membre de la confession d'Augsbourg, embrassa le Judaïsme, prit le surnom de Moses Germanus, et entretint avec Wachter un commerce de lettres qui avaient la religion pour objet.

auteurs modernes. Il a traité le même sujet dans l'introduction à l'histoire de la philosophie des Hébreux, où il attaquait avec plus de science le livre de l'auteur. L'auteur se corrige maintenant lui-même et répond à M. Buddeus. Il défend l'accord de la Kabbale avec Spinoza, qu'on avait attaqué, mais il justifie maintenant Spinoza, qu'il attaquait alors.

La Kabbale est de deux sortes, réelle et littérale : celle-ci se nomme Gematria (elle transpose les lettres et les syllabes, et fait d'un mot un autre mot ou le chiffre d'un autre mot); on appelle Notariacon celle qui avec chaque lettre, surtout avec les initiales, forme de nouvelles locutions. La Themure est une espèce de sténographie et un changement de tout l'alphabet.

Bien des gens jugent sans connaître. L'auteur prétend que Knorr n'a pas dévoilé la vraie Kabbale ou philosophie secrète des Hébreux, mais seulement des formules vides. Knorr a tout donné comme il le trouvait, le bien et le mal.

Ancienne tradition (1) : Le péché d'Adam fut le retranchement de Malcuth des autres plantes. Malcuth ou le règne, la dernière des Séphires, signifie que Dieu gouverne tout irrésistiblement, mais doucement et sans violence, en sorte que l'homme croit

---

(1) Voir Théodicée, p. 612.

suivre sa volonté, pendant qu'il exécute celle de Dieu. Ils disent qu'Adam s'était attribué une liberté indépendante, mais que sa chute lui avait appris qu'il ne pouvait subsister par lui-même, mais qu'il avait besoin d'être relevé de la main de Dieu par le Messie. Ainsi, Adam a retranché la cime de l'arbre des Séphires. Kabbale vient de Kebel, c'est-à-dire un dépôt, la Tradition.

Suivant Claude Beauregard, dans le Circulus Pisanus, XX, p. 130-131, Origène et quelques autres Pères Gnostiques, Jérôme lui-même, ont l'air de dire que la tromperie n'est pas moins permise aux législateurs qu'aux médecins. Pythagore a pu se convaincre par lui-même combien était sévère, chez les Egyptiens, la discipline du secret, puisque, malgré l'autorité du roi Amasis, à qui l'avait recommandé Polycrates, il eut de la peine à être admis par les prêtres de Thèbes. Lui-même ne fut pas un maître du silence, moins rigoureux. Platon a dit que c'était profaner l'auteur de l'univers que de le prêcher en public. Et dans un autre endroit : qu'il fallait parler de Dieu par énigmes, afin que les caractères qui se pourraient perdre fussent lus par d'autres, mais sans en être compris. (V. Gassendi, contre les aristotéliciens.) Au sujet des Académies, saint Augustin dit (liv. 3, contre les Académiciens) :

qu'ils ne découvraient leurs pensées qu'à ceux de leurs disciples qui étaient restés auprès d'eux jusqu'à la vieillesse. Suivant Clément d'Alex., Stromate, 5, les Epicuriens eux-mêmes disaient qu'il y avait chez eux certaines choses que tous ne pouvaient pas lire. Et Descartes (Lettre 89, à Régis, part. 1) : « Tu fais tort à notre philosophie, si tu la fais connaître à ceux qui ne s'en soucient pas, ou même si tu la communiques à d'autres que ceux qui la demandent avec instance. »

Burnet, dans son Archéologie, au sujet des Kabbalistes, ramène leur philosophie à ceci : que le premier être, ou Ensoph, contient toutes choses en lui-même, qu'il y a toujours dans l'univers la même quantité d'êtres, que le monde est une émanation de Dieu. C'est pour cela qu'il y est question des choses vides, comme vases, petits vaisseaux et conduits à travers lesquels circulent les rayons ; aussitôt qu'ils se retirent, les choses meurent et sont de nouveau absorbées en Dieu.

Quelques-uns pensent que la fausse Kabbale est une invention d'hier que l'on doit à Loria ou à Irira (1). Tatien croit que le maître du monde est la substance universelle, que Dieu est l'hypostase du

---

(1) Isaac Loria, inventeur de la nouvelle Kabbale ; Irira, rabbin espagnol, disciple du premier.

tout. — Thèses kabballistiques d'Henri Morus : « On ne tire rien de rien : point de matière dans l'ensemble des choses, dogme propre aux Kabbalistes.

La thèse, que toute substance est esprit, n'a pas, chez les Kabbalistes, le sens que lui donne H. Morus; mais notre auteur établit que le monde ou les mondes sont un effet nécessaire et immanent de la nature divine; qu'il y a tout à la fois immanence et émanation, et que le monde ne fait qu'un avec Dieu d'une unité singulière, comme la chose et le mode de la chose, *a parte rei*, que tout le monde sait n'être pas distincts.

« Je blâme tout ceci. »

Suivant la Kabbale, on peut dire que l'univers est Dieu, en tant qu'il se manifeste. Dans les opinions philosophiques de la Kabbale, sur le monde divin d'où notre monde visible s'est écoulé par émanation la reconnaissance de la Trinité, dit-il, est tellement expresse que je souscris volontiers aux paroles d'un homme docte (Obs. de Halle, t. II, 5-16, n° 3), suivant lequel c'est des Hébreux que les chrétiens ont reçu la Trinité. Mais de l'avis de l'auteur, Pic de la Mirandole s'est trompé quand il a placé la Triade dans les trois Séphires supérieures de l'arbre kabbalistique; et parmi ceux qui l'ont suivi, nul ne l'a fait avec plus de hardiesse que celui dont j'ai parlé. Car (tom. I, obs. choisie, 1, n° 11), il soutient que d'après les explications mêmes des Kabbalistes, par ces noms de Kether, Binah, Chochmah, c'est-à-dire la couronne, la sagesse et la prudence, on entend les trois personnes de la Trinité. Or, il faut savoir que les Numérations ou les Sephires sont bien inférieures à l'Ensoph, qui renferme la Triade. Au-dessous de l'Ensoph est Adam Cadmon, c'est-à-dire tout le cercle entier des Sephires, des Lumières, des Numérations et des Æons. Il n'est pas l'unique, mais le premier engendré.

Tatien, dans son *Discours aux Grecs*, fait profession de suivre la philosophie des Barbaras, c'est-à-dire des Hébreux. « Dans le maître de l'univers, dit-il, par la puissance du Verbe, tant lui que le Verbe qui était en lui (le Verbe intérieur) a existé. Quand il l'a voulu, un Verbe s'est élancé de sa simplicité ; ce n'a pas été un Verbe vainement proféré, mais le premier engendré des ouvrages de son esprit (un Verbe extérieur). Ce Verbe, nous savons qu'il est le principe de ce monde (Adam Cadmon, le premier engendré). Il est né par division, et non par avulsion. Ce qui est arraché est séparé de sa tige ; mais ce qui est divisé est doué d'une fonction propre, et ne saurait jamais être une diminution de ce dont il a pris sa force. » Voilà les paroles de Tatien; il n'y manque que les mots hébreux Ensoph et Adam Cadmon. Mais Tatien n'est pas pour cela le précurseur d'Arrius. Arrius est devenu hérétique en niant le premier engendré, ou en le confondant avec l'unique engendré. Bullus, dans la défense du Concile de Nicée, fait voir (sect. III, chap. V) que des écrivains catholiques, antérieurs au Concile de Nicée, donnent au Fils de Dieu une sorte de nativité qui a eu un commencement et a précédé la création du monde. Il cite Athénagore, Tatien, Théophile d'Antioche, Hippolyte et Novatien, dont il traite par ordre. Puis enfin (chap. IX), il établit que quelques écrivains postérieurs au Concile ont reconnu la procession du Verbe sorti du Père pour former le monde, et il cite à l'appui les sermons attribués à Zénon (de Vérone), mais écrits après le Concile de Nicée, la lettre d'Alexandre (d'Alexandrie) à Alexandre, évêque de Constantinople; celle de Constantin aux Nicomédiens; le panégyrique de Constantin, par Eusèbe Pamphili; et enfin, Athanase lui-même.

Il ajoute (p. 394 et suiv.) : « Je n'oserais aller au fond de ce mystère, bien que je voie plusieurs choses à dire, qui peut-être ne manqueraient pas de force. Je reviens donc à Athanase, qui attribue clairement une triple nativité au Fils. La première est celle par laquelle, de toute éternité, le Verbe est né du Père, et y demeure. C'est à cause de cette nativité que, suivant Athanase, il est appelé dans les Écritures le *Monogène* (Voir Athan., Discours III contre les Ariens). La seconde nativité consiste dans cette procession par laquelle le Verbe est sorti de Dieu pour créer le monde. C'est par rapport à celle-ci que, au sentiment d'Athanase, il est appelé par les Écritures le premier Engendré de toute créature. La troisième et dernière nativité eut lieu lorsque la même Personne divine sortit du sein et de la gloire de son Père, et vint habiter les entrailles de la Très-Sainte Vierge. Et le Verbe a été fait chair. Gardons-nous bien de mépriser cette explication du grand Athanase; elle nous donne la véritable clef des sentiments et des pensées de quelques anciens dont les Ariens ont détourné les paroles pour les faire servir à la défense de l'hérésie, et que quelques théologiens de fraîche date ont implicitement accusés d'Arianisme. » — Voilà ce que dit Bullus.

L'auteur reprend (chap. III) : « Il faut remarquer que le Messie est bien le Verbe éternel ; non pas le Verbe de Dieu intérieur, mais celui qu'il profère ; et nous l'appelons ici, en style kabbalistique, Messie, parce qu'il est né de l'Esprit-Saint. Les Kabbalistes l'appellent encore Esprit du monde, parce que c'est son Esprit qui a animé le monde.

Les Kabbalistes sont encore forcés d'accorder que le corps du Christ est tout-puissant, parce que le corps du Christ, suivant eux, est le premier d'où les autres ont reçu, par l'entremise des diverses Sephires créatrices, leur beauté et leur parure. »

L'auteur passe (ch. iv) à Spinoza, qu'il compare avec la Kabbale. Spinoza dit (Eth., p. 7, schol. prop. 10) : « Tout le monde doit accorder que rien n'existe et ne peut être conçu sans Dieu, car il est reconnu de tout le monde que Dieu est la cause unique de toutes choses, tant de leur essence que de leur existence ; en d'autres termes, Dieu est la cause des choses, non-seulement selon le devenir, mais selon l'être. » Tel est le texte de Spinoza, à qui l'on voit que l'auteur donne son approbation. En effet, il est très-vrai que, quand on parle des choses créées, il ne faut point oublier qu'elles n'existent que par la permission de Dieu et se régler là-dessus pour en parler. Mais je ne crois pas que Spinoza y ait réussi. A mon avis, on peut jusqu'à un certain point concevoir les essences sans Dieu ; mais les existences enveloppent Dieu, et la réalité même des essences qui les fait influer sur les existences est de Dieu. Les essences des choses sont coéternelles à Dieu, et l'essence même de Dieu embrasse toutes les autres essences, à ce point que l'on ne saurait avoir une conception parfaite de Dieu sans elles. Mais quant à l'existence, on ne saurait la concevoir sans Dieu, qui est la dernière raison des choses.

Cet axiome, que l'essence d'une chose, ce qui lui appartient, c'est ce sans quoi elle ne peut exister ni être conçue, a son emploi dans les choses nécessaires ou dans les espèces, mais non dans les individus ou choses contingentes ; car on ne saurait avoir des individus une conception distincte. Voilà pourquoi ils n'ont point une connexion nécessaire avec Dieu, mais ils sont librement produits. Dieu a été incliné vers eux par une raison déterminée, il n'y a point été nécessité.

Spinoza met au nombre des fictions la proposition « Quelque chose peut sortir de rien. » Mais cependant les modes qui se produisent se produisent de rien. Il n'y a point de matière des modes. C'est donc assurément ni le mode, ni partie du mode qui a préexisté, mais bien un autre mode qui s'est évanoui et auquel celui-ci a succédé.

Les Kabbalistes semblent dire qu'il n'y a ni création ni existence possible de la matière tant son essence est vile ; donc, qu'il n'y a absolument pas de matière ou que l'esprit et la matière sont une seule et même chose, comme le soutient H. Morus dans ses Thèses kabbalistiques. Spinoza prétend de même qu'il est impossible que Dieu ait créé quelque masse corporelle et matérielle pour être le sujet de ce monde, « parce que, dit-il, ceux qui sont d'un avis opposé ignorent de quelle puissance divine elle pourrait être créée. » Il y a là quelque chose de vrai ; mais on ne s'en est pas, je crois, assez rendu compte. La matière existe, en effet, mais elle n'est point substance puisqu'elle est un aggrégat ou un composé de substances. J'entends parler de la matière seconde ou de la masse étendue qui n'est point du tout un corps homogène. Mais ce que nous concevons homogène et ce que nous appelons matière première est quelque chose d'incomplet, puisque ce n'est qu'une pure puissance. La substance, au contraire, est quelque chose de plein et d'actif.

Spinoza a cru que la matière du vulgaire n'existait pas. Aussi il nous avertit souvent que Descartes la définit mal par l'étendue (Lett. 73), et qu'il donne une mauvaise explication de l'étendue, quand il la prend pour une chose très-vile qui doit être divisible dans le lieu (De la Réf. de l'Ent., p. 385); « puisqu'au contraire la matière ne s'explique que par un attribut exprimant une essence éternelle et infinie. » Je réponds que l'étendue, ou si l'on veut la matière première, n'est autre chose qu'une certaine répétition indéfinie des choses, en tant qu'elles sont semblables entre elles ou indiscernables. Mais de même que le nombre suppose des choses nombrées, de même l'étendue suppose des choses qui se répètent et qui, outre les caractères communs, en ont de particuliers. Ces accidents, qui sont propres à chacune, rendent actuelles, de simplement possibles qu'elles étaient d'abord, les limites de grandeur et de figure. La matière purement passive est quelque chose de très-vil, qui manque de toute vertu; mais une telle chose ne consiste que dans l'incomplet, ou dans une abstraction.

Spinoza (Eth., p. 1, coroll., prop. 13, et schol., prop. 15) (1) : « Aucune substance, pas même la substance corporelle, n'est divisible. » Cela n'a rien qui étonne dans son système, parce qu'il n'ad-

---

(1) Scolie très-importante, mais trop étendue pour qu'on puisse la donner ici en entier. Nous nous bornons à ce qu'il y a de principal : « Il n'est pas moins absurde de supposer la substance corporelle formée de corps ou de parties que de composer le corps de surfaces, les surfaces de lignes, et finalement les lignes de points. C'est là ce que doit avouer tout homme qui sait qu'une raison claire est infaillible. Que sera-ce si on se range à l'opinion de ceux qui nient le vide, etc.? » Trad. fr. de M. Saisset.

met qu'une seule substance. Mais cela est également vrai dans le mien, bien que j'admette une infinité de substances ; car, dans mon système, toutes sont indivisibles ou *monades*.

Spinoza dit (Eth., p. 3, schol., prop. 2) que l'esprit et le corps sont la même chose, mais seulement exprimée de deux manières, et (Eth., p. 2, schol. 5, prop. 7) que la substance pensante et la substance étendue sont une seule et même substance, que l'on conçoit tantôt sous l'attribut de la pensée, tantôt sous celui de l'étendue. Il ajoute : « C'est ce qui paraît avoir été aperçu comme à travers un nuage par quelques Hébreux qui soutiennent que Dieu, l'intelligence de Dieu et les choses qu'elle conçoit ne font qu'un. » Je blâme tout ceci. L'esprit et le corps n'est pas même chose, pas plus que le principe de l'action et celui de la passion. La substance corporelle a une âme et un corps organique, c'est-à-dire une masse composée d'autres substances. Il est vrai que c'est la même substance qui pense et qui a une masse étendue qui lui est jointe, mais point du tout que celle-ci la constitue; car on peut très-bien lui ôter tout cela sans que la substance en soit altérée. Puis, en outre, toute substance perçoit, mais toute substance ne pense pas. La pensée, au contraire, appartient aux monades, et, à plus forte raison, toute perception ; mais l'étendue appartient aux composés. On ne peut donc pas dire que Dieu et les choses conçues par Dieu sont une seule et même chose, pas plus qu'on ne peut dire que l'esprit et les choses qu'il perçoit ne font qu'un. L'auteur croit que Spinoza a entendu parler d'une nature commune qui aurait pour attributs la pensée et l'étendue, et que cette nature est esprit. Mais il n'y a pas d'étendue des esprits, à moins qu'on ne les prenne, dans un sens plus large, pour je ne sais quel animal subtil assez semblable à ce que les anciens entendaient par leurs anges. L'auteur ajoute que l'esprit et le corps sont les modes de ces attributs. Mais comment, je vous prie, l'esprit peut-il être le mode de la pensée, lui qui est le principe de la pensée ? Ce serait donc plutôt l'esprit qui serait l'attribut, et la pensée la modification de cet attribut. — On peut s'étonner aussi que Spinoza, comme on l'a vu plus haut (De la Réf. de l'Entend., p. 385), ait l'air de nier que l'étendue soit divisible en ses parties et composée de parties, ce qui n'a pas de sens, à moins que ce ne soit peut-être comme l'espace, qui n'est point une chose divisible. Mais l'espace et le temps sont les ordres des choses, et non les choses.

L'auteur a raison de dire que Dieu a trouvé de

son fond les origines de toutes choses. Cela me fait souvenir de ce mot de Jul. Scaliger, que j'ai lu autrefois : « Que les choses sont produites, non pas de la puissance passive de la matière, mais de la puissance active de Dieu; » et, je l'affirme, des formes ou activités, ou Entelechies. Quant à ce que dit Spinoza (Eth., p. 1, prop. 34), que Dieu est de la même nécessité cause de soi (1) et cause de toutes choses (2), et (Traité politique, p. 270, c. 2, n° 2) que la puissance des choses est la puissance de Dieu, je ne l'admets pas. Dieu existe nécessairement, mais il produit librement les choses. Dieu a produit la puissance des choses, mais elle est distincte de la puissance divine. Les choses opèrent elles-mêmes, bien qu'elles aient reçu les forces d'agir.

Spinoza dit (Lett. 21) : « Tout est en Dieu et se meut en Dieu. » Je le déclare avec Paul, et sans doute aussi avec tous les autres philosophes, bien que ce soit d'une autre manière (3); j'ose même dire

---

(1) Par la prop. II.

(2) Par la prop. 16 et son coroll.

(3) Ce témoignage considérable de Spinoza, qui déclare n'adhérer à la phrase de saint Paul que sauf à en modifier l'esprit, disparaît dans la traduction française de M. Saisset, que j'ai quelquefois suivie, mais qui me paraît ici affaiblir le sens. M. Saisset traduit : « Je le déclare avec Paul; nous sommes en Dieu, et nous nous mouvons en Dieu. Ce que croyaient aussi tous les anciens philo-

que ç'a été le sentiment de tous les anciens Hébreux, ainsi qu'on le peut conjecturer de certaines traditions, si défigurées qu'elles soient en mille manières. » Quant à moi, je penserais que tout est en Dieu, non pas comme la partie dans le tout, ni comme un accident dans le sujet, mais comme le lieu dans ce qu'il remplit, lieu spirituel ou subsistant et non mesuré ou partagé, car Dieu est immense ; il est partout, le monde lui est présent, et c'est ainsi que toutes choses sont en lui, car il est où elles sont et ne sont pas ; il demeure quand elles s'en vont, et il a déjà été là où elles arrivent.

L'auteur dit que les Kabbalistes sont d'accord sur ce point, que Dieu a produit de certaines choses médiatement et d'autres immédiatement, et cela l'amène à parler de la production d'une première source ouverte par Dieu, qui la fait immédiatement couler de lui-même. Par ce médiateur, tout le reste a été produit par séries et par ordre. Les Kabbalistes saluent ce principe de noms divers : Adam Cadmon, le Messie, le Christ, le Verbe, le premier

---

sophes, bien que d'une autre façon. » Spinoza déclare à mon sens que tout en acceptant l'affirmation de saint Paul, qui se retrouve chez d'anciens philosophes, il entend l'expliquer à sa manière. Cette restriction, qui est un aveu, manque dans la traduction française. V. t. II, page 539.

engendré, le premier homme, l'homme céleste, le guide, le pasteur, le médiateur, etc. Ailleurs, je prouverai cette assertion, c'est un fait qu'a reconnu Spinoza. Sauf le nom, tout s'y trouve. Il suit de là, Eth., p. 1, schol. prop. 28 (c'est le second point); il suit que Dieu ne peut être appelé proprement la cause éloignée des choses particulières, si ce n'est afin de distinguer cet ordre de choses de celles que Dieu produit immédiatement ou plutôt qui suivent de sa nature absolue. Voici maintenant, d'après l'explication de Spinoza (proposition 21), quelles sont les choses qui sont dites suivre de la nature absolue de Dieu. « Tout ce qui découle de la nature absolue d'un attribut quelconque de Dieu doit être éternel et infini ; en d'autres termes, doit posséder, par son rapport à cet attribut, l'Eternité et l'Infinité. » — Ces propositions de Spinoza, que rappelle l'auteur, manquent de tout fondement. Dieu ne produit pas de créatures infinies, et on ne saurait, par aucun argument, prouver ou assigner une différence quelconque de cette créature à Dieu. L'imagination de Spinoza, à savoir que de chaque attribut on peut faire sortir un infini particulier, de l'étendue un certain infini en étendue, de la pensée un certain entendement infini, vient de la manière bizarre dont il s'imagine certains attributs de Dieu, qui seraient hétérogènes comme la pensée et l'étendue, et peut-être aussi une foule d'autres. A vrai dire, l'étendue n'est pas un attribut par soi, car elle n'est que la répétition de nos perceptions. Un étendu infini n'est qu'imaginaire : un être pensant infini, c'est Dieu même. Les choses nécessaires et qui découlent de la nature infinie de Dieu sont les vérités éternelles. Une créature particulière est produite par une autre, et celle-ci par une autre également. Ainsi donc, on aurait beau concevoir, on n'arriverait pas à Dieu, si l'on admettait la fiction d'un progrès à l'infini, et cependant il est certain que la dernière de ces créatures n'est pas moins dépendante de Dieu que celle qui la précède.

Tatien dit, dans le Discours aux Grecs, qu'il y a un esprit répandu dans les étoiles, les anges, les plantes, les eaux et les hommes ; et que cet esprit, qui est unique et le même pour tous, admet cependant des différences en lui-même. — C'est là une doctrine que je suis loin d'approuver ; c'est l'erreur de l'âme du monde universellement répandue, et qui, comme l'air dans les poumons, rend en divers organes des sons divers. L'organe venant à se briser, l'âme cessera d'y habiter, et retournera à l'âme du monde. Mais il faut savoir qu'il y a autant de substances incorporelles, d'âmes si l'on veut, que de machines organiques naturelles.

Quant à ce que dit Spinoza (Éth. p. 2, schol. prop. 13) : Toutes choses, bien qu'à des degrés divers, sont animées, voilà l'étrange raison sur laquelle s'appuie son sentiment. « De toutes choses, il y a nécessairement en Dieu une idée dont Dieu est cause de la même façon qu'il l'est aussi de l'idée du corps humain. » Mais il n'y a pas d'apparence de raison à dire que l'âme est une idée ; les idées sont quelque chose de purement abstrait, comme les nombres et les figures, et ne peuvent agir. Les idées sont abstraites et universelles. L'idée d'un animal quelconque est une possibilité, et il est illusoire de dire que les âmes sont immortelles, parce que les idées sont éternelles, comme si l'on disait que l'âme d'un globe est éternelle, parce que l'idée du corps sphérique l'est en effet. L'âme n'est point une idée, mais la source d'innombrables idées ; elle a, outre l'idée présente, quelque chose d'actif, ou la production de nouvelles idées. Mais, suivant Spinoza, l'âme change à chaque moment, parce qu'aux changements du corps correspond un changement dans son idée. Je ne m'étonne plus ensuite s'il fait, des créatures, des modifications passagères. — L'âme est donc quelque chose de vital, qui contient une force active.

Spinoza dit (Eth. p. 1, prop. 16) : « De la nécessité de la nature divine doivent découler des infinis de modes infinis, c'est-à-dire tout ce qui peut tomber sous une intelligence infinie. » C'est là une opinion très-fausse ; et, sous une autre forme, l'erreur que Descartes a insinuée : à savoir, que la matière prend successivement toutes les formes. Spinoza commence où finit Descartes : *Dans le Naturalisme*. Il a tort aussi de dire (Lettre 58) : que le monde est l'effet de la nature divine, bien qu'il laisse entendre qu'il ne l'est pas du hasard. Il y a un milieu entre ce qui est nécessaire et ce qui est fortuit : c'est ce qui est libre. Le monde est un effet volontaire de Dieu, mais à cause de raisons inclinantes ou prévalentes. Quand bien même on supposerait la perpétuité du monde, il ne serait pas nécessaire. Dieu pouvait ou ne pas créer, ou créer autrement ; mais il ne devait point le faire. Il pense (Lett. 49) : que Dieu produit le monde de la même nécessité qu'il a l'intelligence de soi-même. Mais il faut répondre que les choses sont possibles en beaucoup de manières, tandis qu'il était tout à fait impossible que Dieu n'eût pas l'intelligence de soi. Spinoza dit donc (Eth. p. 1, prop. 17) : « Je sais que plusieurs philosophes croient pouvoir démontrer que la souveraine intelligence et la libre volonté appartiennent à la nature de Dieu ; car, disent-ils, nous ne connaissons rien de plus parfait à attribuer à Dieu que cela même qui est en nous la plus haute perfection (1)... et c'est pourquoi ils ont mieux aimé faire Dieu indifférent à toutes choses et ne créant rien d'autre que ce qu'il a résolu de créer par je ne sais quelle volonté absolue. Pour moi, je crois avoir assez clairement montré (2) que de la souveraine puissance de Dieu (3) toutes choses découlent d'une égale nécessité, de la même façon que de la nature du triangle il résulte (4) que ses trois angles égalent deux droits. » — Dès les premiers mots on voit clairement que Spinoza refuse à Dieu l'intelligence et la volonté. Il a raison de ne pas vouloir d'un Dieu indifférent et décrétant

---

(1) « Or, ces mêmes philosophes, quoiqu'ils conçoivent la souveraine intelligence de Dieu comme existant en acte, ne croient pourtant pas que Dieu puisse faire exister tout ce qui est contenu en acte dans son intelligence, autrement ils croiraient avoir détruit la puissance de Dieu. Si Dieu avait créé, disent-ils, tout ce qui est en son intelligence, il ne lui serait plus rien resté à créer, conséquence qui leur paraît contraire à l'omnipotence divine. » Traduct. fr. T. II, p. 22.

(2) Le texte renvoie à la prop. 16.

(3) Ou de sa nature infinie, des infinis de modes infinis, c'est-à-dire toutes choses ont découlé nécessairement ou découlent sans cesse.

(4) De toute l'éternité.

toutes choses par une volonté absolue ; il décrète par une volonté qui s'appuie sur des raisons. Spinoza ne donne point de preuves de ce qu'il avance que les choses découlent de Dieu comme de la nature du triangle en découlent les propriétés. Il n'y a point d'analogie d'ailleurs entre les essences et les choses existantes.

Dans la scolie de la proposition 17 (1) il veut

(1) Il nous paraît nécessaire de donner tout ce passage : « L'intelligence et la volonté qui, dans cette hypothèse, constitueraient l'essence de Dieu, devraient différer de tout point de notre intelligence et de notre volonté, et ne pourraient leur ressembler que d'une façon toute nominale, absolument comme se ressemblent entre eux le chien, signe céleste, et le chien animal aboyant. C'est ce que je démontre ainsi qu'il suit. S'il y a en Dieu une intelligence, elle ne peut avoir le même rapport que la nôtre avec les objets qu'elle embrasse. Notre intelligence, en effet, est par sa nature postérieure à ces objets (c'est le sentiment commun) ou du moins simultanée, tandis qu'au contraire Dieu est antérieur à toutes choses par la causalité (voir le coroll. 1 de la propos. XVI), et la vérité, l'essence formelle des choses, n'est ce qu'elle est que parce qu'elle existe objectivement telle dans l'intelligence de Dieu ; par conséquent, l'intelligence de Dieu, en tant qu'elle est conçue comme constituant l'essence de Dieu, est véritablement la cause des choses, tant de leur essence que de leur existence, et c'est ce que semblent avoir aperçu ceux qui ont soutenu que l'intelligence, la volonté et la puissance de Dieu ne sont qu'une seule et même chose. Ainsi donc, puisque l'intelligence de Dieu est la cause unique des choses (comme nous l'avons montré), tant de leur essence que de leur existence, elle doit nécessairement différer de ces choses sous le rapport de l'essence aussi bien que sous le rapport de l'existence.

que l'intelligence et la volonté de Dieu n'aient avec la nôtre qu'un rapport nominal, parce que la nôtre est postérieure et celle de Dieu antérieure aux choses ; mais il ne suit pas de là qu'il n'y ait entre elles qu'un rapport purement nominal. Il dit pourtant ailleurs que la pensée est un attribut de Dieu, et qu'on doit y rapporter les modes particuliers de la pensée (Eth. p. 2, prop. 1). Mais l'auteur croit qu'alors il parle du Verbe de Dieu extérieur, parce qu'il dit (Eth. p. 5) : que notre âme est une partie de l'intelligence infinie.

La chose causée, en effet, diffère de sa cause précisément en ce qu'elle en reçoit ; par exemple, un homme est cause de l'existence d'un autre homme, non de son essence. Cette essence, en effet, est une vérité éternelle, et c'est pourquoi ces deux hommes peuvent se ressembler sous le rapport de l'essence ; mais ils doivent différer sous le rapport de l'existence, et de là vient que, si l'existence de l'un d'eux est détruite, celle de l'autre ne cessera pas nécessairement. Mais si l'essence de l'un d'eux pouvait être détruite et devenir fausse, l'essence de l'autre périrait en même temps. En conséquence, une chose qui est la cause d'un certain effet, et tout à la fois de son existence et de son essence, doit différer de cet effet, tant sous le rapport de l'essence que sous le rapport de l'existence. Or, l'intelligence de Dieu est la cause de l'existence et de l'essence de la nôtre. Donc, l'intelligence de Dieu, en tant qu'elle est conçue comme constituant l'essence divine, diffère de notre intelligence, tant sous le rapport de l'essence que sous le rapport de l'existence, et ne lui ressemble que d'une façon toute nominale, comme il s'agissait de le démontrer. Or, chacun voit aisément qu'on ferait la même démonstration pour la volonté de Dieu. » Trad. française. T. II, p. 23.

« L'âme humaine, dit Spinoza (Eth., p. 5, Démonst. prop. 23), ne peut être entièrement détruite avec le corps. Il reste d'elle quelque chose qui est éternel. Mais cela n'a point de relation avec le temps. Car nous n'attribuons à l'âme de durée que pendant la durée du corps. » Dans le scholie suivant, il ajoute : « Cette idée, qui exprime l'essence du corps sous le caractère de l'éternité, est un mode déterminé de la pensée qui se rapporte à l'essence de l'âme et qui est nécessairement éternel, etc. » Tout cela est illusoire. Cette idée est comme la figure de la sphère dont l'éternité ne préjuge pas l'existence, puisqu'elle n'est que la possibilité d'une sphère idéale. Ce n'est donc rien dire que de dire : Notre âme est éternelle en tant qu'elle enveloppe le corps sous le caractère de l'éternité. Elle sera tout aussi bien éternelle parce qu'elle comprend les vérités éternelles sur le triangle. « Notre âme n'a pas de durée. Le temps n'a plus aucune relation à ce qui dépasse l'existence actuelle du corps. » Ainsi s'exprime Spinoza, qui pense que l'âme périt avec le corps, parce qu'il a cru qu'il ne subsiste jamais qu'un seul corps, bien qu'il puisse se transformer.

L'auteur ajoute : Je ne vois nulle part que Spinoza ait dit positivement que les âmes passent d'un corps dans un autre et habitent différentes demeures et divers séjours d'éternité. On pourrait cependant l'inférer de sa pensée. » — C'est une erreur de l'auteur. La même âme, pour Spinoza, ne peut pas être l'idée d'un autre corps, de même que la figure d'une sphère n'est pas la figure d'un cylindre. L'âme, pour Spinoza, est tellement fugitive, qu'elle n'existe même pas dans le moment présent; car le corps, lui aussi, ne demeure qu'en idée. Spinoza (Eth. p. 5, prop. 21) dit que la mémoire et l'imagination s'évanouissent avec le corps. Mais je pense, pour ma part, que toujours quelque imagination et quelque mémoire demeurent, et que, sans elles, l'âme serait un pur néant. Il ne faut pas croire que la raison existe sans le sentiment ou sans une âme. Une raison sans imagination ni mémoire est une conséquence sans prémisses. Aristote aussi a pensé que la raison ou l'intellect agent subsistent et non l'âme. Mais souvent l'âme agit et la raison est passive.

Spinoza dit (Tr. de la réf. de l'Ent., p. 384) : « Les anciens n'ont jamais, que je sache, conçu, comme nous faisons ici, une âme agissant suivant des lois déterminées et comme un automa (il a voulu dire automate) spirituel. » L'auteur entend ce passage comme s'il s'agissait de l'âme seule et non de la raison, et dit que l'âme agit suivant les lois du mouvement et les causes extérieures. Tous deux se sont trompés.

Je dis que l'âme agit et cependant qu'elle agit comme un automate spirituel, et je soutiens que cela n'est pas moins vrai de la raison. L'âme n'est pas moins exempte que la raison des impulsions du dehors, et l'âme n'est pas déterminée plus spécialement que la raison à agir. De même que dans les corps, tout se fait par les mouvements suivant les lois de la puissance, de même, dans l'âme, tout se fait par l'effort ou le désir, suivant les lois du bien. Il y a accord des deux règnes. Il est vrai cependant qu'il y a dans l'âme certaines choses qui ne peuvent s'expliquer d'une manière adéquate que par les choses externes. Sous ce rapport, l'âme est sujette au dehors; mais ce n'est pas par un influx physique, mais moral pour ainsi dire, en tant que Dieu, dans la création de la raison, a eu plus d'égard aux autres choses qu'à elle-même; car, dans la création et la conservation de chacun, il a égard à toutes les autres choses.

C'est à tort que l'auteur appelle la volonté l'effort de chaque chose pour persister dans son être; car la volonté a des fins plus particulières et tend à un mode plus parfait d'existence. Il a tort aussi de dire que l'effort est identique à l'essence, tandis que l'essence est toujours la même et que les efforts varient. Je ne saurais admettre que l'affirmation soit l'effort de la raison pour persévérer dans son être, c'est-à-dire pour conserver ses idées. Nous avons cet effort même sans rien affirmer. Puis, en outre, chez Spinoza, la raison est une idée, elle n'a pas des idées. C'est encore une de ses erreurs de penser que l'affirmation ou la négation est une volition. La volition enveloppe, en outre, la raison du bien.

Spinoza (Lett. 2 à Oldenb.) soutient que la volonté diffère de telle ou telle volition de la même manière que la blancheur de telle ou telle couleur blanche, et que, par conséquent, la volonté n'est pas plus la cause de telle ou telle volition que l'humanité n'est la cause de Pierre ou de Paul. Les volitions particulières ont donc besoin pour exister d'une autre cause. La volonté n'est qu'un être de raison. Ainsi parle Spinoza. Mais nous, nous prenons la volonté pour la puissance de vouloir dont l'exercice est la volition. C'est donc bien par la volonté que nous voulons ; mais il est vrai qu'il est nécessaire que d'autres causes spéciales la déterminent pour qu'elle produise une certaine volition. Elle doit être modifiée d'une certaine manière. La volonté n'est donc pas aux volitions comme l'espèce ou l'abstraction de l'espèce aux individus. Les erreurs ne sont point libres et ne sont pas des actes de la volonté, bien que souvent nous concourions à nos erreurs par des actions libres.

Les hommes, dit-il, se conçoivent dans la nature comme un empire dans un empire (Malcuth in Malcuth, ajoute l'auteur). Ils s'imaginent que l'esprit de l'homme n'est pas le produit des causes naturelles, mais qu'il est immédiatement créé de Dieu, dans une telle indépendance du reste des choses, qu'il a une puissance absolue de se déterminer et de faire un bon usage de sa raison. Mais l'expérience nous prouve surabondamment qu'il n'est pas plus en notre pouvoir d'avoir la santé de l'esprit que d'avoir la santé du corps. Ainsi parle Spinoza. — A mon avis, chaque substance est un empire dans un empire, mais dans un juste concert avec tout le reste : elle ne reçoit aucun courant d'aucun être, si ce n'est de Dieu même ; mais, cependant, elle est mise par Dieu, son auteur, dans la dépendance de toutes les autres. Elle sort immédiatement de Dieu, et pourtant elle est produite conforme aux autres choses. Sans doute, tout n'est pas également en notre pouvoir, car nous sommes inclinés davantage ici ou là. Malcuth ou le règne de Dieu ne supprime ni la liberté divine, ni la liberté humaine, mais seulement l'indifférence d'équilibre, invention de ceux qui nient les motifs de leurs actions faute de les comprendre.

Spinoza s'imagine que du jour où l'homme sait que les événements sont le produit de la nécessité, son esprit en est merveilleusement affermi. Croit-il donc par cette contrainte rendre plus content le cœur du patient? L'homme en sent-il moins son mal? Il sera véritablement heureux, au contraire, s'il comprend que le bien résulte du mal et que ce qui arrive est pour nous le meilleur si nous sommes sages.

On voit clairement, par ce qui précède, que tout le chapitre de Spinoza sur l'amour intellectuel de Dieu (Eth. p. 5) n'est qu'un habit de parade pour le peuple, puisqu'il ne saurait rien y avoir d'aimable dans un Dieu qui produit sans choix et de toute nécessité le bien et le mal. Le véritable amour de Dieu se fonde non pas sur la nécessité, mais sur la bonté.

Spinoza (De la réf. de l'Ent., p. 388) dit qu'il n'y a point de science, mais qu'on a seulement l'expérience des choses particulières, c'est-à-dire telles que leur existence n'a aucune liaison avec leur essence et qui, par conséquent, ne sont point des vérités éternelles. — Cela contredit ce qu'il avait dit ailleurs, à savoir que tout est nécessaire, que

tout découle nécessairement de l'essence divine.—
Autre contradiction : Spinoza (p. 2, Eth. schol.
prop. 10) combat ceux qui prétendent que la nature de Dieu appartient à l'essence des choses
créées, et cependant il avait établi précédemment (1)
que les choses n'existent et ne peuvent être conçues
sans Dieu et qu'elles naissent nécessairement de
lui. — (Part. 1, Eth. prop. 21). Il soutient par ce
motif que les choses finies et temporelles ne sauraient être produites immédiatement par une cause
infinie, mais qu'elles le sont (prop. 28) par d'autres
causes singulières et finies. Mais comment sortiront-elles enfin de Dieu? car elles ne peuvent en
sortir non plus médiatement dans ce cas, puisqu'on
n'arrivera jamais ainsi qu'à la production du fini
par le fini. On ne peut donc pas dire que Dieu agit
par l'intermédiaire des causes secondes, s'il ne
produit ces causes mêmes. Il vaut donc mieux
dire que Dieu produit les substances et non les
actions de ces substances auxquelles il ne fait que
concourir.

L'auteur ne trouve pas d'autre excuse aux inconvénients de la Kabbale (§ 5) que de dire qu'ils
sont communs à toute philosophie, même à celle

---

(1) Eth. p. I, prop. 15.

d'Aristote et de Descartes. Les Kabbalistes peuvent donc enseigner. Il allègue ensuite, à l'appui de son assertion, qu'Aristote nie la Création et la Providence, et ne met qu'une seule intelligence dans toute l'espèce humaine. Quant à Descartes, il supprime les causes finales. L'auteur croit qu'Aristote fut enseigné par ordre dans les académies.

L'auteur pense que l'intention des anciens en faisant enseigner dans les écoles une philosophie qui pût être corrigée et attaquée par les théologiens, a été d'empêcher que quelque âme trompée par le diable sans doute (l'auteur raille, il ne faut pas lui en vouloir), que cette âme donc en voyant la théologie et la philosophie conspirer de tout point, ne tombe en cette pensée que la religion chrétienne est l'œuvre de la raison. Ainsi parle notre auteur. Il se moque sans doute. Plus la raison et la religion conspirent, mieux vont les choses. Il restera toujours à la révélation ses mystères qui sont de fait et qui surajoutent quelque chose à l'histoire et à la raison. Laisser entrer l'ennemi dans la place sous le prétexte qu'il ne faut pas avoir l'air de donner trop raison à un ami, c'est absurde.

La théologie n'a rien à demander ni rien à craindre de la philosophie, à en croire l'auteur (p. 77). Il a tort. La philosophie et la théologie sont deux vérités qui s'accordent entre elles. Le vrai ne peut être ennemi du vrai, et si la théologie contredisait la vraie philosophie, elle serait fausse. Il prétend que la philosophie repose sur une base sceptique : à savoir, sur la raison respective qui part d'une hypothèse pour concevoir les choses ; comme si la vraie philosophie était basée sur des hypothèses. Il dit que plus grand sera le désaccord de la philosophie et de la théologie, d'autant moindre sera le danger que la théologie soit suspecte. C'est tout le contraire. En vertu de l'accord du vrai avec le vrai, sera suspecte toute théologie qui contredit la raison. Voyez les philosophes Averroïstes du quinzième siècle, qui prétendaient que la vérité est double. Ils sont tombés il y a longtemps. Ils ont soulevé contre eux les philosophes chrétiens toujours là pour montrer l'accord de la philosophie et de la théologie. Descartes s'est trompé quand il a cru la liberté de l'homme inconciliable avec la nature de Dieu.

L'auteur remarque que la doctrine de la reviviscence des âmes dans les corps a été tolérée par le Christ dans les disciples et par les chrétiens à l'origine. — Il faut savoir qu'à vrai dire il n'y a d'autre passage de l'âme d'un corps dans un autre que celui-là même qui s'opère dans un même corps par le changement insensible de ses parties. La métempsycose serait contre la règle que rien ne se fait par sauts. Un brusque passage de l'âme d'un corps dans un autre ne serait pas moins étrange que le déplacement d'un corps qui d'un bond irait d'un lieu dans un autre, sans cependant traverser l'intervalle. Il y a dans tout ceci une grande pauvreté de raison.

NOUVELLES REMARQUES DE LEIBNIZ

SUR

L'ÉTHIQUE DE SPINOZA.

NOUVELLES REMARQUES
DE LEIBNIZ
SUR
L'ÉTHIQUE DE SPINOZA.

PREMIÈRE PARTIE.
DE DIEU.

DÉFINITIONS DE SPINOZA.

Spinoza. 1. La *cause de soi* est ce dont l'essence enveloppe l'existence.

Spinoza. 2. Une chose est dite *finie en son genre* quand elle peut être bornée par une autre chose de même nature. Par exemple, un corps est dit chose finie, parce que nous concevons toujours un corps plus grand; de même, une pensée est bornée par une autre pensée; mais le corps n'est pas borné par la pensée, ni la pensée par le corps.

Leibniz. Définition obscure. On ne voit pas bien ce que c'est qu'une chose finie qui *peut être bornée par une autre chose du même genre*. Qu'est-ce en effet qu'*une pensée qui est bornée par une autre pensée?* Une pensée est-elle donc plus grande qu'une autre ? comme il dit d'un corps qu'il est fini lorsqu'on en peut concevoir un plus grand que lui (1).

3. SPINOZA. La *substance* est ce qui est en soi et est conçu par soi.

LEIBNIZ. Cette définition est également obscure. Que signifie *être en soi*? Puis est-ce d'une manière disjonctive ou cumulativement qu'il réunit ces deux signes si divers : *être en soi, être conçu par soi*? Autrement dit, veut-il que la substance soit d'une part *ce qui est en soi*, et d'autre part *ce qui est conçu par soi*? Ou bien voudrait-il que le concours des deux choses soit requis pour constituer la substance ? Alors il faudra démontrer que l'une entraîne nécessairement l'autre, et que quand on a l'être en soi, on est aussi conçu par soi, ce qui paraît contraire à ce résultat qu'il y a des êtres qui *sont en soi*, bien qu'ils ne soient pas *conçus par soi*. Et c'est même ainsi que l'on considère ordinairement les substances.

La substance, ajoute-t-il, est ce dont le concept peut être formé sans avoir besoin du concept d'une autre chose. Je vois encore ici de la difficulté ; car il dira dans la définition suivante que l'attribut est ce que l'entendement conçoit de la substance, comme constituant son essence. Donc le concept de l'attribut est nécessaire pour se former celui de la substance. Si vous dites que l'attribut n'est pas une *chose*, mais que vous requérez seulement que la substance n'ait pas besoin du concept d'une autre *chose*, je réponds : Expliquez donc alors ce que vous entendez par le mot *chose*, afin que nous puissions comprendre votre définition, et comment l'attribut n'est pas une chose.

---

(1) Voir ci-dessous prop. VIII.

Spinoza. — 4. J'entends par *attribut* ce que la raison conçoit dans la substance comme constituant son essence.

Leibniz. — Cette définition est obscure comme celle qui précède. On demande si par attribut Spinoza entend tout prédicat réciproque, ou bien tout prédicat essentiel, réciproque ou non ; ou bien enfin tout prédicat essentiel premier, et indémontrable (1).

Spinoza. — 5. *Le Mode.* J'entends par mode les affections de la substance, ou ce qui est dans autre chose, et est conçu par cette même chose.

Leibniz. — Alors le mode différera de l'attribut en ce que l'attribut est bien dans la substance et pourtant est conçu par soi-même. Cette explication ferait cesser l'obscurité de la définition.

Spinoza. — 6. *J'entends par Dieu* un être absolument infini, c'est-à-dire une substance constituée par une infinité d'attributs dont chacun exprime une essence éternelle et infinie.

Leibniz. — Il fallait montrer que ces deux définitions sont équipollentes ; sinon, il ne peut substituer l'une à l'autre. Or, elles seront équipollentes lorsqu'il aura montré qu'il y a dans la nature plusieurs attributs ou prédicats qui sont conçus par eux-mêmes : ou mieux encore que ces attributs divers sont compatibles entre eux.

J'ajoute que toute définition est imparfaite, fût-elle d'ailleurs vraie et parfaitement claire, tant qu'on peut douter que la chose définie soit possible. Or, c'est ici le

---

(1) Voir définition v.

cas. Car on peut fort bien se demander si un être qui a des attributs infinis n'implique pas contradiction; quand ce ne serait que par cette raison qu'on peut douter que la *même* essence *simple* puisse être exprimée par *plusieurs* attributs *différents*. J'admets fort bien une pluralité de définitions pour les choses composées, mais il semble que ce qui est simple n'en comporte qu'une, et que son essence ne peut s'exprimer que d'une seule manière (1).

7 et 8. Définitions de la liberté et de l'éternité.

Leibniz. — J'approuve ces définitions.

AXIOME.

Spinoza. — I. Tout ce qui est, est en soi ou en autre chose.

II. Une chose qui ne peut se concevoir par une autre doit être conçue par soi.

III. Étant donnée une cause déterminée, l'effet suit nécessairement, et, au contraire, si aucune cause déterminée n'est donnée, il est impossible que l'effet suive.

IV. La connaissance de l'effet dépend de la connaissance de la cause et elle l'implique.

V. Les choses qui n'ont entre elles rien de commun ne peuvent se concevoir l'une par l'autre, ou, en d'autres termes, le concept de l'une n'enveloppe pas le concept de l'autre.

VI. Une idée vraie doit s'accorder avec son objet.

VII. Quand une chose peut être conçue comme n'existant pas, son essence n'enveloppe pas l'existence.

LEIBNIZ. — Quant aux axiomes, je remarque seulement ce qui suit : Le premier est obscur tant qu'on n'est pas fixé sur ce que c'est que d'*être en soi*. Le second et le septième me paraissent superflus. Le sixième me semble peu congruent : car toute idée s'accorde avec son objet, et je ne vois pas bien ce que c'est qu'une idée fausse. Je crois avoir démonstration des axiomes 3, 4 et 5.

PROPOSITIONS.

SPINOZA. — *Proposition* 1. La substance est antérieure par sa nature à ses affections.

LEIBNIZ. — *A ses affections,* c'est-à-dire à ses modes, car il a prévenu par la déf. 5 que par affections de la substance il entendait les modes. Mais il n'a pas expliqué ce que c'est que cette *antériorité de nature*, et il s'ensuit que cette proposition ne peut se démontrer des premisses posées. Il semble par *antérieur* entendre ce qui sert à l'intelligence de la chose. Mais il y aurait encore là quelque difficulté. Car si l'on explique ce qui suit par ce qui précède, la réciproque paraît aussi vraie. On pourrait alors définir l'antérieur par ce qui se conçoit indépendamment de l'autre terme, tandis que celui-ci ne peut se concevoir sans lui. Mais, à dire vrai, l'antérieur se prend dans un sens plus large. Ainsi, 1er exemple : La propriété du denier d'être 6+4 est postérieure à celle d'être 6+3

+1, qui s'approche davantage de la primitive, à savoir le denier est 1+1+1+1+1+1+1+1+1+1, et pourtant elle se conçoit parfaitement sans la première, et même elle se démontre sans elle.

2° exemple. — Dans le triangle, la propriété connue que les trois angles internes sont égaux à deux droits, est postérieure à celle-ci : Que les deux angles internes sont égaux au troisième externe, et pourtant elle se conçoit et même on pourrait la démontrer, bien que plus difficilement sans la seconde.

Spinoza. — *Proposition 2.* Deux substances qui ont des attributs divers, n'ont rien de commun.

Leibniz. —. Si par attributs il entend des prédicats conçus par soi, je l'accorde (1), étant posées deux substances A et B, dont les attributs soient : *c* pour la substance A, et *d* pour la substance B, ou bien *c e* étant la somme des attributs de A, et *d f* la somme des attributs de B. Il en serait autrement, si ces deux substances avaient certains attributs différents et d'autres communs, et si les attributs de A étaient *c d*, et ceux de B, *d f*. S'il nie que cela se puisse, il faut qu'il démontre cette impossibilité ; ce qu'il essayera peut-être de la manière suivante : « *d* et *c* expriment une même essence, en tant qu'attributs d'une même substance A, d'après l'hypothèse. *d* et *f*, pareillement toujours d'après l'hypothèse, donc aussi *c* et *f*. D'où il suit que la même substance est tout à la fois A et B contre l'hypothèse. Il est donc absurde que deux substances diverses aient quelque chose de commun. » Je réponds : que je n'accorde pas qu'il puisse y avoir deux attributs qui se conçoivent par soi-

---

(1) Si per attributa intelligit prædicata quæ per se concipiuntur, concedo. *Suite des textes inédits de Leibniz.*

même et qui expriment tous les deux la même chose. Car, toutes les fois que cela arrivera, ces deux attributs, qui expriment diversement la même chose, pourront être résolus, ou tout au moins l'un des deux : ce dont j'ai démonstration.

Spinoza. — *Proposition* 3. Si deux choses n'ont rien de commun, l'une d'elles ne peut être cause de l'autre par les axiomes IV et V.

Proposition 4. Deux ou plusieurs choses distinctes ne peuvent se distinguer que par la diversité des attributs de leurs substances, ou par la diversité des affections de ces mêmes substances; ce qu'il démontre ainsi : Tout ce qui est en soi ou en autre chose (par l'ax. I), en d'autres termes (par les Déf. III et V), rien n'est donné en dehors de l'entendement que ces substances et leurs affections.

Leibniz. — Au sujet de cette démonstration, je m'étonne qu'il oublie les attributs : car d'après la déf. 5, par les affections de la substance, il n'entend que les modes. Il s'ensuit que, ou bien il parle d'une manière ambiguë, ou qu'il ne met pas les attributs au nombre des choses qui existent en dehors de l'entendement, qu'il n'y met que les substances et les modes. Il eût pu d'ailleurs arriver plus facilement à démontrer la proposition en ajoutant que les choses qui peuvent être conçues, sont nécessairement connues, et partant aussi distinguées par leurs attributs ou les affections.

Spinoza. — *Proposition* 5. Il ne peut y avoir

dans la nature des choses deux ou plusieurs substances de même nature ou de même attribut.

Leibniz. — Je remarque ici une certaine obscurité dans ces mots : la *nature des choses*. Entend-il par là l'universalité des choses existantes ou bien la région des idées ou des essences possibles. On ne voit pas bien non plus s'il veut qu'il n'y ait pas plusieurs essences ayant un même attribut commun, ou bien qu'il n'y ait point plusieurs individus de la même essence. Je m'étonne aussi qu'il prenne ces mots de nature et d'attribut pour équivalents ; à moins qu'il n'entende par attribut quelque chose qui comprend la nature entière. Mais cela posé, je ne vois pas comment il pourrait y avoir plusieurs attributs de la même substance qui soient conçus par eux-mêmes.

Spinoza. — *Démonstration*. S'il existait plusieurs substances distinctes, elles se distingueraient ou par les affections ou par les attributs ; si par les affections, la substance étant antérieure par nature à ses affections (Prop. I), même en faisant abstraction de ces affections, elles doivent être distinctes : si par les attributs, il n'y a donc pas deux substances de même attribut.

Leibniz. — Je réponds que cela m'a tout l'air d'un paralogisme. Car deux substances peuvent se distinguer par leurs attributs, et néanmoins avoir quelque attribut commun, pourvu qu'ils en aient aussi quelques-uns de propres à chacune. Par exemple A et B, dont la première a pour attribut $c\,d$, et la seconde $d\,e$.

c. d.   d. e.

Je remarque en outre que la proposition I n'est faite

que pour expliquer celle-ci ; mais on aurait fort bien pu s'en passer, car il suffit que l'on puisse concevoir la substance sans ses affections, qu'elle soit d'ailleurs, par nature, antérieure ou non à ses affections.

Il emploiera la proposition V aux propositions VI et VIII.

Spinoza. — *Proposition 6.* Une substance ne peut être produite par une autre substance, car il ne peut se trouver (par la prop. V) deux substances de même attribut, c'est-à-dire qui aient entre elles quelque chose de commun (par la prop. II). Donc l'une ne peut être cause de l'autre (par l'ax. V).

Leibniz. — Cette proposition, sous une autre forme plus concise, revient à dire que ce qui est conçu par soi ne peut être conçu par un autre comme par sa cause par l'axiome 4. Je réponds que j'admets la démonstration, si l'on prend la substance pour la chose qui est conçue par soi. Il en serait autrement si on entend par là la chose en soi, comme on la prend vulgairement, à moins qu'on ne démontre qu'être en soi et être conçu par soi sont même chose.

Spinoza. — *Proposition 7.* L'existence appartient à la nature de la substance. La substance ne peut être produite par un autre. (Prop. VI.) Donc elle est *cause de soi*, c'est-à-dire (déf. I) son essence enveloppe l'existence.

Leibniz. — On adresse à cette proposition une critique méritée (1), celle de prendre *cause de soi, causa sui,* tantôt

(1) Ce raisonnement de Leibniz, fruit d'une logique supérieure,

dans le sens particulier que lui donne la définition, et tantôt dans le sens ordinaire et convenu de ce mot. On pourrait et, comme il le dit, nouvelle, est d'une telle importance que nous le donnons ici dans le texte latin : « Hic non immerito reprehenditur quod causam sui modo ut definitum aliquid sumit, cui peculiarem significationem defin. I, ascripsit, modo et in communi ac vulgari suo significatu utitur. Remedium tamen facile est si definitionem illam in axioma convertat et dicat : Quidquid non ab alio est id est a se ipso, seu ex suâ essentiâ. Verùm aliæ hic supersunt difficultates, nempe procedit tantùm ratiocinatio posito substantiam existere posse. Necesse est enim tunc ut, quia ab illo produci non potest, a se ipso existat, adeoque necessario existat, possibilem autem substantiam id est concipi posse demonstrandum est. Demonstrari posse videtur ex eo, quia, si per se nihil concipitur, nihil etiam per aliud concipitur adeóque nihil omnino concipietur. Quod, ut distincto ostendatur, considerandum est, si ponatur A concipi per B, in conceptu ipsius A esse conceptum ipsius B. Et rursùs, si B concipitur per C, in conceptu B esse conceptum ipsius C, et ita conceptus ipsius C in conceptu ipsius A erit et itâ porro usque ad ultimum. Quid si quis respondeat non dari ultimum, respondeo nec dari primum, quod sic ostendo; quia in ejus, quod per aliud concipitur conceptu, nihil est nisi alienum, ideo gradando per plura, aut nihil omnino in eo erit, aut nihil nisi quod per se concipietur. Quam demonstrationem novam planè, sed infallibilem esse arbitror, ejusque ope demonstrari potest id quod per se concipitur, concipi posse. Sed adhùc tamen dubitari potest, an ideo sit possibile; eo modo quo hoc loco sumitur possibile; nimirùm non pro eo quod concipi potest, sed pro eo cujus aliqua concipi potest causa, resolubilis tamen in primum. Nàm quæ a nobis concipi possunt, non ideo tamen omnia produci possunt, ob alia potiora quibus incompatibilia sunt. Ideo Ens quod per se concipitur, actu esse probari debet, adhibita existentiâ, quia existunt quæ per aliud concipiuntur. Ergó existit etiam id per quod concipiuntur. Vides quam longè alia sit opus ratiocinationes ad accuratè probandam rem per se existentem. Fortè tamen hâc ultimâ cautione non opus. »

facilement remédier à cette ambiguïté en faisant de la définition un axiome, et dire : tout ce qui n'est pas *par autrui* est *par soi*, ou par son essence. Mais cela ne suffit point pour couper court aux difficultés. Car le raisonnement n'est bon que supposé que la substance peut exister. Car il est nécessaire alors que ne pouvant être produite par autrui, elle existe par soi-même, et partant d'une existence nécessaire. Mais alors il faut démontrer la possibilité de la substance, ou qu'elle peut être conçue. Il semble que cette démonstration repose sur ce que : si rien n'est conçu *par soi*, rien non plus ne sera conçu par *autrui*, et qu'alors rien ne sera conçu du tout. Pour faire toucher du doigt cette vérité, il faut considérer ce qui suit : dire que a est conçu par b, c'est dire que le concept de b est renfermé dans le concept de a, et dire que b est conçu par c, c'est dire que le concept de c est renfermé dans le concept de b, et par conséquent le concept de c sera renfermé dans le concept de a. Et ainsi de suite jusqu'au dernier. On objecte : mais s'il n'y a pas de dernier, qu'arrivera-t-il ? — Je réponds que s'il n'y a pas de dernier, il n'y a pas de premier non plus : et je le prouve ainsi : dans le concept d'une chose conçue par autrui, il n'y a rien que d'étranger à cette chose, et, en allant de terme en terme, on arrive nécessairement à cette alternative : ou bien il n'y aura absolument rien dans ce concept, ou bien il n'y restera rien qui ne soit conçu par soi. Cette démonstration me paraît assez neuve, mais je la crois infaillible, et j'estime qu'avec elle on peut démontrer que ce qui est conçu par soi peut être conçu. Mais j'avoue qu'on peut douter encore si l'objet de ce concept est possible au sens où l'on prend ici le mot, *possible*; à savoir, non pas pour ce qui peut être conçu, mais pour ce dont on peut concevoir quelque cause qui se résolve enfin en un premier. Car ce que nous pouvons concevoir n'est pas toujours réalisable, parce qu'il peut être incompatible avec d'autres objets *meilleurs*. Il faut donc prouver que l'être qui est conçu par soi est *en acte*, en employant le concept d'existence, et en se fondant sur ce que les choses conçues par autrui existent, et qu'à plus forte raison existe aussi ce par quoi elles sont conçues. Vous voyez combien Spinoza est loin d'avoir employé une exactitude suffisante pour prouver la réalité existante par soi. Peut-être, cependant, cette dernière précaution est-elle superflue.

Spinoza. — *Proposition* 8. Toute substance est nécessairement infinie, car sans cela elle serait bornée par une autre de même nature (par la déf. II), et on aurait ainsi deux substances de même attribut (contrairement à la prop. V).

Leibniz. — Cette proposition doit s'entendre ainsi : la chose qui est conçue par soi est infinie dans son genre, et ainsi entendue, elle doit être admise. Mais la démonstration de Spinoza est frappée d'obscurité à raison du mot *terminatur*, est *bornée*, et d'incertitude, à raison de la proposition V. Dans la scolie qui la suit, il emploie un raisonnement fort élégant pour prouver que la chose conçue par soi est unique dans son genre. Car supposez qu'il y ait plusieurs individus dans un même genre, il faudra que l'on puisse assigner dans la nature une raison pour laquelle il y en a un tel nombre précis, et non pas davantage. Mais cette même raison qui fait qu'il y en a précisément un tel nombre, doit faire aussi qu'ils sont tels et tels; elle doit donc être aussi la raison pour laquelle ils sont tels, raison, remarquez-le bien, qui ne saurait être dans l'un plutôt que dans l'autre de ces individus, et qu'il faut donc chercher en dehors d'eux tous (1). On pour-

(1) Voir le raisonnement, t. II, p. 11, de la traduction de M. Saisset. Mais il est présenté ici par Leibniz d'une manière plus saisissante

rait bien faire une objection et dire que le nombre de ces individus est indéterminé, ou nul, ou bien qu'il surpasse tout nombre. Mais il est facile d'y remédier en n'en prenant qu'un certain nombre, et en cherchant la raison de leur existence, ou bien en prenant des individus qui ont un point commun, comme par exemple d'exister dans le même lieu, et en cherchant pourquoi dans ce lieu et non pas dans un autre.

SPINOZA. — *Proposition* 9. Suivant qu'une chose a plus de réalité ou d'être, un plus grand nombre d'attributs lui appartiennent.

LEIBNIZ. — Il fallait expliquer ce qu'on entend par *réalité ou être*; car ces termes prêtent à l'équivoque.

Démonstration. Cela est évident, par la déf. IV.

LEIBNIZ. — Spinoza le dit, mais cela n'est pas du tout évident pour moi. Car une chose peut avoir plus de réalité qu'une autre, parce qu'elle est plus grande dans son genre, ou qu'elle possède une plus grande part d'un attribut quelconque, comme le cercle, par exemple, qui renferme plus d'étendue que le carré inscrit. Puis l'on peut toujours douter qu'il y ait plusieurs attributs d'une même substance, au sens où l'auteur a pris l'attribut. J'avoue cependant que si l'on admet cela, et que l'on suppose les attributs compatibles entre eux, une substance sera d'autant plus parfaite qu'elle aura plus d'attributs.

SPINOZA. — *Proposition* 10. Tout attribut d'une

et plus vive. En général, les meilleurs raisonnements de Spinoza et les plus élégants ont encore quelque chose d'alambiqué et de confus, et ils gagnent beaucoup à passer par cette raison supérieure qui les réduit à ce qu'ils ont d'essentiel.

substance doit être conçu par soi (par les déf. IV et III).

Leibniz. — A cela j'ai souvent objecté qu'il s'ensuit qu'il n'y a qu'un seul attribut pour une substance unique, puisqu'il en exprime toute l'essence.

Spinoza. — *Proposition 11.* Dieu, c'est-à-dire une substance composée d'une infinité d'attributs dont chacun exprime une essence éternelle et infinie, existe nécessairement.

Leibniz. — Il donne de cela trois démonstrations : la 1", parce que Dieu est substance, donc il existe (par la prop. VII); mais il suppose ici deux choses, d'abord que la substance existe nécessairement, ce qui ne résulte pas assez clairement de la prop. VII, et ensuite que Dieu est une substance possible . ce qui n'est pas si facile à démontrer. — La 2ᵐᵉ preuve est la suivante : « Il doit toujours y avoir une cause tant de l'existence que de la non-existence d'une chose. Or, il ne saurait y avoir de raison pour la non-existence de Dieu, ni dans sa nature, car elle n'implique pas contradiction, ni dans autrui, car cet autre sera de même nature et de même attribut, et alors il sera Dieu, ou il sera d'une nature différente, et alors, n'ayant rien de commun avec Dieu, il ne peut ni poser, ni empêcher son existence. » A cela, je réponds 1° qu'il n'a pas encore prouvé que la nature de Dieu n'implique pas, bien qu'il affirme sans preuve qu'une telle supposition serait absurde; 2° que cet être étranger pourra être de même nature que Dieu en partie et non en tout

Troisième démonstration. Des êtres finis existent : l'expérience le prouve : si donc l'être infini n'existait pas, ces finis seraient plus puissants que l'Etre infini. — On peut répondre que si l'être infini impliquait, sa puissance serait nulle, pour ne rien dire de l'impropriété des termes qu'emploie Spinoza, *puissance* et *force d'exister* n'étant pas même chose.

Spinoza. — *Propositions* 12 et 13. On ne peut concevoir selon sa véritable nature aucun attribut de la substance duquel il résulte que la substance soit divisible ; ou bien, la substance prise absolument est indivisible, car elle serait anéantie par la division : ses parties ne seraient plus infinies, donc elles ne seraient pas substances. Enfin, il y aurait plusieurs substances de la même nature. (L. Je l'accorde de la chose existante par soi.)

Corollaire. Aucune substance même corporelle n'est divisible.

Spinoza. — *Proposition* 14. Il ne peut exister et on ne peut concevoir aucune autre substance que Dieu. Car à Dieu conviennent tous les attributs, et il ne saurait y avoir plusieurs substances de même attribut. Donc aucune autre substance que Dieu ne peut exister.

Leibniz. — Tout ceci suppose la définition de la substance considérée comme l'être conçu par soi, et bien d'autres choses que j'ai notées ci-dessus comme inadmissibles. — Je n'ai pas encore de certitude sur la substantialité des corps ; il en est tout autrement des esprits.

Spinoza. — *Corollaire* 1. Il suit de là que Dieu est unique.

Corollaire 2. Que la chose étendue et la chose pensante sont ou des attributs de Dieu ou (par l'ax. I) des affections des attributs de Dieu.

LEIBNIZ. — C'est parler confusément, et de plus il n'a pas démontré que l'étendue et la pensée sont des attributs, c'est-à-dire sont conçus par soi.

SPINOZA. — *Proposition* 15. Tout ce qui est en Dieu, et rien ne peut être ni être conçu sans Dieu (par la prop. XIV). Il ne peut y avoir d'autre substance que Dieu ; tout le reste sera des attributs de Dieu ou des modes : car ôtez les substances et les modes, il n'y a plus rien.

LEIBNIZ. — Il omet pour la seconde fois les attributs.

SPINOZA. — *Proposition* 16. De la nécessité de la nature divine doivent découler une infinité de choses infiniment modifiées, c'est-à-dire tout ce qui peut tomber sous une intelligence infinie (par la déf. VI).

Corollaire 1. Il suit de là que Dieu est la cause efficiente de toutes les choses qui peuvent tomber sous une intelligence infinie.

Corollaire 2. Il en résulte en second lieu que Dieu est cause par soi, et non par accident.

Corollaire 3. Et en troisième lieu, que Dieu est absolument cause première.

LEIBNIZ. — Point d'observation.

Proposition 17. Dieu agit par les seules lois de la nature et sans être contraint par rien hors de lui.

Corollaire 1. Il suit de là premièrement, qu'il n'y a en Dieu ou hors de Dieu, aucune autre cause qui l'excite à agir, que la perfection de sa propre nature.

Corollaire 2. En second lieu, que Dieu seul est une cause libre. Dieu seul, en effet, existe par la seule nécessité de sa nature (prop. XI et coroll. de la prop. XIV) et agit par cette seule nécessité (prop. XVI), seul par conséquent il est une cause libre.

LEIBNIZ. — Il explique plus longuement dans ses scolies que Dieu a créé tout ce qui est dans son entendement; quand il paraît au contraire n'avoir créé que ce qu'il a voulu : que l'entendement de Dieu diffère du nôtre et que ce n'est que par équivoque qu'on peut l'attribuer à Dieu et à l'homme, par une confusion semblable à celle qui ferait prendre la constellation du Chien pour l'animal appelé chien : que le causé diffère de sa cause en ce qu'il a reçu d'elle : que l'homme diffère de l'homme quant à l'existence qu'il en a reçue, qu'il diffère de Dieu quant à l'essence qu'il lui doit.

SPINOZA. — *Proposition* 18. Dieu est la cause immanente et non transitoire de toutes choses.

LEIBNIZ. — C'est la suite de ce qu'il s'est flatté d'avoir démontré que Dieu seul est substance, et que tout le reste n'est que des modes.

Spinoza. — *Proposition* 19. Dieu est éternel : en d'autres termes, tous les attributs de Dieu sont éternels.

Leibniz. — Outre la démonstration qu'il en donne, l'auteur se réfère avec éloge à celle qu'il a donnée dans la proposit. XIX de ses *Principes de Descartes.*

Spinoza. — *Proposition* 20. L'existence et l'essence de Dieu sont une même chose. Il le démontre ainsi : Dieu et tous ses attributs sont éternels (prop. XIX), ils expriment l'existence (déf. VIII de l'Éternité) ; ce qui revient à dire qu'ils expriment son essence (déf. IV de l'*attribut*). Donc l'essence et l'existence de Dieu sont une seule et même chose.

Leibniz. — Je réponds que cela ne s'ensuit point, mais seulement qu'elles n'ont qu'une seule et même expression. Je remarque en outre que cette proposition suppose la précédente. Que serait-ce donc, si à la place de la proposition précédente, c'était la démonstration qu'il en donne qu'on employait pour démontrer celle-ci : on verrait alors que c'est un cercle presque puéril. En effet : L'essence et l'existence de Dieu sont une seule et même chose : je le prouve parce que les attributs de Dieu expriment tout à la fois l'existence et l'essence: l'*essence*, par la définition de l'attribut ; l'*existence*, parce qu'ils sont éternels ; mais ils ne sont éternels que parce qu'ils enveloppent l'existence, car ils expriment l'essence de Dieu qui enveloppe son existence. Mais alors à quoi bon cette mention de l'éternité des attributs et de la proposition XIX, lorsque la chose à prouver est uniquement celle-ci : à savoir que l'existence et l'essence de Dieu sont une seule et même chose, parce que son essence enveloppe son existence. Tout le reste n'est évidemment là que pour la montre, comme un vain appareil, et pour jouer à la démonstration. De telles formes de raisonnements ne sont pas rares chez ceux qui sont étrangers au véritable art de démontrer.

Spinoza. — *Corollaire* 1. Il suit de là, premièrement, que l'existence de Dieu comme son essence est une vérité éternelle.

Leibniz. — Je ne vois pas bien comment cette proposition se déduit de la précédente : pour moi, je la trouve beaucoup plus vraie, et surtout plus claire. Car elle vous saisit par sa clarté, du moment qu'on admet que l'essence de Dieu enveloppe son existence, quand bien même on n'admettrait pas qu'elles ne sont qu'une seule et même chose.

Spinoza. — *Corollaire* 2. Que Dieu est immuable, et que tous ses attributs le sont aussi.

Leibniz. — La proposition et la preuve sont également obscures et confuses.

Spinoza. — *Proposition* 21. Tout ce qui découle de la nature absolue d'un attribut de Dieu doit être éternel et infini.

Leibniz. — Démonstration obscure et confuse d'une thèse qu'il est aisé de prouver.

Spinoza. — *Proposition* 22. Quand une chose découle de quelque attribut divin, en tant qu'il est affecté d'une certaine modification dont l'existence est par cet attribut même nécessaire et infinie, cette chose doit être aussi nécessaire et infinie dans son existence.

Leibniz. — Il dit que, pour démontrer cette proposition, on procède de la même façon que pour la précédente; c'est-à-dire non moins obscurément. J'aurais voulu qu'il nous donnât un exemple d'une telle modification.

Spinoza. — *Proposition* 23. Tout mode dont l'existence est nécessaire et infinie a dû nécessairement découler, soit de la nature absolue de quelque attribut de Dieu, soit de quelque attribut affecté d'une modification nécessaire et infinie.

Leibniz. — C'est-à-dire qu'un tel mode découle de la nature absolue de quelque attribut, soit immédiatement, soit médiatement par l'intermédiaire d'un autre mode.

Spinoza. — *Proposition* 24. L'essence des choses produites par Dieu n'enveloppe pas l'existence.

Leibniz. — La chose est claire d'ailleurs, mais la démonstration de Spinoza est un paralogisme. *Cause de soi* par sa déf. I, n'a plus le sens ordinaire, mais un sens tout particulier. Il ne peut donc pas substituer à son gré le sens ordinaire au sens propre, à moins de montrer qu'ils sont équivalents. — *En marge*: Cette proposition fait d'ailleurs contre Spinoza; elle prouve contre son propre sentiment que les choses ne sont pas nécessaires; car il n'y a de nécessaire que ce dont l'essence enveloppe l'existence.

Spinoza. — *Proposition* 25. Dieu n'est pas

seulement la cause efficiente de l'existence des choses, mais aussi de leur essence (par l'ax. IV).

Leibniz. — Cette preuve ne prouve rien ; car quand bien même nous accorderions que l'essence des choses ne peut être conçue sans Dieu (prop. XV), il ne s'ensuit pas que Dieu est la cause de l'essence des choses. L'axiome IV ne dit pas que ce sans quoi une chose ne peut être conçue est la cause de cette chose. Cela serait assurément faux. Car le cercle ne peut se concevoir sans le centre, la ligne sans le point ; mais le centre n'est pas cause du cercle, le point n'est pas cause de la ligne. Cet axiome dit seulement que la connaissance de l'effet implique la connaissance de la cause : ce qui est bien différent. Car cet axiome n'est pas conversible, et d'ailleurs il est bien différent d'impliquer une chose ou de ne pouvoir pas être conçue sans elle. La connaissance de la parabole implique celle du foyer, mais elle peut fort bien être conçue sans lui (1).

Spinoza. — *Corollaire*. Les choses particulières ne sont rien de plus que les affections des attributs de Dieu, c'est-à-dire les modes par lesquels les attributs de Dieu s'expriment d'une façon déterminée. Cela est évident par la prop. XV et la déf. V.

Leibniz. — On ne voit pas comment s'accorde ce corollaire avec la proposition XXV elle-même. Il faut avouer que Spinoza ne se montre pas un grand maître en l'art de démontrer (2). — Ce corollaire est évident d'après ce

(1) Cette critique nous montre Spinoza pris en flagrant délit d'infidélité.

(2) Voilà de nouveau Spinoza atteint de contradiction. Leibniz commence à en concevoir de l'humeur, et pour la première fois son

qui précède, et est vrai, si on l'entend bien, et en ce sens non pas que les choses sont de tels modes, mais que les manières de concevoir les choses particulières sont des modes déterminés de concevoir les attributs divins.

Spinoza. — *Proposition* 28. Tout objet individuel, toute chose, quelle qu'elle soit, qui est finie et a une existence déterminée, ne peut exister ni être déterminée à agir si elle n'est déterminée à l'existence et à l'action par une cause, laquelle est aussi finie et a une existence déterminée ; et cette cause elle-même ne peut exister ni être déterminée à agir que par une cause nouvelle, finie comme les autres et déterminée comme elles à l'existence et à l'action, et ainsi à l'infini. — Elle prouve ainsi : Dieu détermine toutes choses, mais les finies ne peuvent découler de la nature absolue d'un des attributs de Dieu, sans cela elles seraient infinies. Elles découlent donc d'un attribut de Dieu, affecté d'une modification finie.

Leibniz. — Voilà une opinion de Spinoza, qui, bien examinée de près, donne des conséquences absurdes. En effet, les choses ne découleront jamais alors de la nature de Dieu ; car ce qui détermine est déterminé à son tour, et ainsi à l'infini. Jamais donc une chose ne sera déterminée de Dieu. Dieu fournira seulement du sien quelques

impassibilité se dément. C'est sans doute à la suite de cette lecture qu'il formula ce jugement : « l'Ethique ou *de Deo*, cet ouvrage si plein de manquements que je m'étonne. »

principes absolus et généraux. Il serait plus exact de dire qu'un particulier n'est pas déterminé par un autre suivant un progrès à l'infini, autrement ils restent toujours indéterminés, si loin que vous alliez dans ce progrès ; mais bien plutôt que tous les particuliers sont déterminés de Dieu. Il ne faudrait pas dire non plus que ce qui suit est la cause pleine de ce qui précède, mais plutôt que Dieu a créé ce qui suit dans un ordre tel qu'il concourt avec ce qui précède suivant les règles de la sagesse. Si nous disons d'autre part que ce qui précède est la cause efficiente de ce qui suit, alors et réciproquement ce qui suit sera en quelque sorte la cause finale de ce qui précède pour ceux qui admettent que Dieu agit suivant une fin.

Spinoza. — *Proposition* 30. Un entendement fini ou infini en acte, doit comprendre les attributs de Dieu, et rien de plus.

Leibniz. — Cette proposition qui est suffisamment claire par ce qui précède, et qui est vraie si on la prend bien, notre auteur trouve moyen, à son ordinaire, de l'embrouiller en la démontrant par d'autres, obscures, douteuses et détournées ; à savoir qu'une idée vraie doit s'accorder avec son objet : ce dont il fait un axiome, c'est-à-dire une vérité *connue par soi* (ce sont les termes qu'il emploie) ; mais, pour moi, je ne comprends pas comment cela peut être connu par soi, ou même vrai. — Que ce qui est contenu dans l'entendement d'une manière représentative, doit nécessairement être donné dans la nature ; — qu'il n'y a qu'une seule substance, Dieu, propositions qui, comme je le disais, sont toutes obscures, douteuses et tirées de loin. L'esprit de cet auteur paraît être alambiqué et tortueux : il va rarement par la voie claire et naturelle ; il aime les chemins abrupts et les longs circuits : la plupart de ses démonstrations surprennent l'esprit plutôt qu'elles ne l'éclairent (1).

Spinoza. — *Proposition* 31. L'entendement en acte soit fini, soit infini, comme, par exemple, la volonté, le désir, l'amour, etc., se doivent rapporter à la nature naturée, et non à la naturante.

Leibniz. — Il entend par nature naturante Dieu et ses attributs absolus : par nature naturée, ses modes. Il dit que l'entendement n'est qu'un mode déterminé de la pensée : *Certum cogitandi modum.* Il déduit de là dans un autre endroit que Dieu, à proprement parler, n'entend, ni ne veut. Je ne saurais être de son avis.

Spinoza. — *Proposition* 32. La volonté ne peut être appelée cause libre, mais seulement cause nécessaire. — Il le démontre en disant que la volonté est un certain mode de preuve et qu'elle est par conséquent modifiée par autrui.

Spinoza. — *Proposition* 33. Les choses qui ont été produites par Dieu n'ont pu l'être d'une autre façon, ni dans un autre ordre.

Leibniz. — Cette proposition est vraie ou fausse, sui-

(1) Il faut reproduire dans le texte ce jugement que j'ai déjà fait connaître au public et que le regrettable M. Damiron a cité dans son rapport sur la philosophie de Leibniz à propos de notre mémoire couronné par l'Académie des sciences morales et politiques : « Videtur autoris ingenium fuisse valde detortum : raro procedit via clara et naturali : semper incedit per abrupta et circuitus : plerœque ejus demonstrationes animum circumveniunt magis quam illustrant. »

vant le sens qu'on lui donne. Dans l'hypothèse d'une volonté divine, choisissant le meilleur, ou agissant d'après les règles de la perfection, évidemment il n'y a que les choses produites qui pouvaient l'être. Mais à ne prendre que la nature des choses, considérée en soi, elles pouvaient l'être autrement. C'est ainsi que nous disons que les anges que l'on appelle confirmés ne peuvent point pécher, bien que leur liberté soit sauve; ils le pourraient, s'ils le voulaient; mais ils ne le voudront pas : ils pourraient le vouloir, en parlant à la rigueur, mais dans l'état des choses existant, ils ne peuvent plus le vouloir.

L'auteur, dans la scolie, reconnaît avec raison deux sens au mot *impossible;* ou bien c'est ce qui implique contradiction, ou bien ce qui n'a point de cause externe de production. Il nie que Dieu agisse par la raison du bien. En effet, il lui a refusé la volonté, et il trouve absurde de soumettre Dieu à la fatalité, bien qu'il reconnaisse que Dieu agisse par la raison du parfait.

Spinoza. — *Proposition 34.* La puissance de Dieu est l'essence même de Dieu, parce qu'il suit de la nature de son essence qu'il est *cause de soi* et des autres choses.

Proposition 35. Tout ce qui est au pouvoir de Dieu, existe nécessairement, c'est-à-dire, suit de son essence.

Leibniz. — Cela n'est pas suffisamment déduit, mais c'est vrai.

Spinoza. — *Proposition 36.* Rien n'existe qui de sa nature n'enveloppe quelque effet, parce que tout ce qui existe exprime la nature et l'essence de

Dieu d'une manière déterminée, et par conséquent exprime la puissance de Dieu.

LEIBNIZ. Il ajoute un appendice dirigé contre ceux qui pensent que Dieu agit dans un but, appendice où il mêle le vrai et le faux ; car, s'il est vrai que tout n'est point fait pour l'homme, il ne s'ensuit pas que Dieu agisse sans volonté ou sans l'entendement du bien.

LETTRES DE SPINOZA
ANNOTÉES PAR LEIBNIZ.

LETTRES DE SPINOZA.

LETTRE I [1].

A monsieur Henri Oldenburg, B. de Spinoza.

Monsieur,

J'ai reçu samedi dernier votre bien courte lettre, datée du 15 novembre. Vous vous bornez à m'indiquer les passages du Traité théologico-politique qui ont arrêté les lecteurs. J'avais espéré savoir en outre quelles sont les doctrines qui leur ont semblé, comme vous m'en aviez prévenu, ruiner la pratique de la piété. Mais pour vous dire toute ma pensée sur les trois points que vous avez marqués, je ne vous cacherai pas, en ce qui touche le premier, que j'ai dans l'âme une idée de Dieu et de la

---

[1] Troisième des éditions de Spinoza. Cette lettre, qui est donnée comme la troisième de Spinoza à Oldenburg, me paraît être bien plutôt la première; car c'est dans cette lettre qu'il commence à répondre aux objections d'Oldenburg, et il nie que la religion doive être établie sur des miracles, c'est-à-dire sur l'ignorance. Puis, dans la lettre suivante, qui est classée la première dans ce recueil, il cherche à expliquer comment il a pu dire que les miracles et l'ignorance étaient tout un. (Leibniz.)

nature fort différente de celle que les Nouveaux chrétiens ont coutume de défendre. Je crois, en effet, que Dieu est la cause immanente de toutes choses, comme on dit, et non la cause transitoire. Je le déclare avec Paul : « Nous sommes en Dieu et nous nous mouvons en Dieu (1). » Ce que croyaient aussi tous les anciens philosophes, bien que d'une autre façon. J'ose même dire que ç'a été le sentiment de tous les anciens Hébreux, ainsi qu'on le peut conjecturer de certaines traditions, si défigurées qu'elles soient en mille manières. Toutefois, ceux qui pensent que le Traité théologico-politique veut établir que Dieu et la nature sont une seule et même chose (ils entendent par nature une certaine masse ou la matière corporelle), ceux-là sont dans une erreur complète. J'arrive à l'article

(1) Parménide et Mélissus cités par Platon ont enseigné quelque chose d'approchant. Je me souviens que j'ai autrefois fait un abrégé du Parménide réduit en forme de démonstration, sans lui donner toutefois une entière approbation. J'aurais voulu qu'il citât les endroits des anciens Hébreux. On rapporte des stoïciens qu'ils croyaient que le monde est Dieu. C'était peut-être dans un sens analogue, et bien différent de celui que leur ont donné de faux interprètes. On peut dire en un sens que toutes choses sont un, que tout est en Dieu, de même que l'effet est contenu dans sa cause pleine, et que la propriété d'un sujet est enveloppée dans son essence ; car il est certain que l'existence des choses est une conséquence de la nature de Dieu, qui n'a permis que le choix du plus parfait. (Leibniz.)

des miracles. Je suis persuadé que c'est la seule sagesse de la doctrine qui fonde la certitude de la révélation divine, et non point les miracles, qui ne reposent que sur l'ignorance, comme je l'ai longuement fait voir dans le chapitre VI sur les miracles. J'ajoute ici que je reconnais entre la religion et la superstition cette différence principale, que celle-ci a pour fondement l'ignorance, et celle-là la sagesse; et voilà pourquoi les chrétiens se font distinguer de ceux qui ne le sont pas, non point par la bonne foi, la charité et les autres dons du Saint-Esprit, mais seulement par une certaine opinion qu'ils professent. En effet, c'est par les seuls miracles, c'est-à-dire par l'ignorance, source de toute malice, qu'ils défendent leur religion, comme tous les autres; et de là vient qu'ils tournent leur foi, quoique véritable, en superstition. Les souverains permettront-ils jamais qu'on apporte un remède à ce mal? C'est ce dont je doute fort.

Enfin, pour vous montrer ouvertement ma pensée sur le troisième point, je dis qu'il n'est pas absolument nécessaire pour le salut de connaître le Christ selon la chair; mais il en est tout autrement si on parle de ce Fils de Dieu, c'est-à-dire de cette éternelle Sagesse de Dieu qui s'est manifestée en toutes choses, et principalement dans l'âme humaine, et, plus encore que partout ailleurs, dans Jésus-Christ. Sans cette sagesse, nul ne peut parvenir à l'état de béatitude, puisque c'est elle seule qui nous enseigne ce que c'est que le vrai et le faux, le bien et le mal. Et comme cette Sagesse, ainsi que je viens de le dire, s'est surtout manifestée par Jésus-Christ, ses disciples ont pu la prêcher, telle qu'elle leur a été révélée par lui, et ils ont montré qu'ils pouvaient se glorifier d'être animés de l'esprit du Christ plus que tous les autres hommes. Quant à ce qu'ajoutent certaines Églises, que Dieu a revêtu la nature humaine, j'ai expressément averti que je ne savais point ce qu'elles veulent dire; et, pour parler franchement, j'avouerai qu'elles me semblent parler un langage aussi absurde que celui qui dirait qu'un cercle a revêtu la nature du carré (1). Je pense que ces explications suffisent pour éclaircir mon sentiment sur les trois points que vous avez marqués. Plai-

---

(1.) Ceux qui enseignent l'Incarnation, expliquent leur pensée par des analogies tirées de la nature de l'âme raisonnable unie au corps. Ils ne veulent donc affirmer qu'une chose, c'est que Dieu a revêtu la nature de l'homme, comme l'âme a pris la nature du corps, ce qui est un fait d'expérience, quelle que soit d'ailleurs la manière de l'interpréter. L'objection tirée du cercle prenant la nature du carré, ne saurait donc être dirigée contre l'Incarnation sans l'être également contre l'union de l'âme avec le corps. (Leibniz.)

ront-elles aux chrétiens de votre connaissance, c'est ce que vous pouvez savoir mieux que moi. Adieu.

LETTRE II[1].

A monsieur B. de Spinoza, Henri Oldenburg.

Puisque vous paraissez m'accuser d'un excès de brièveté, je vais aujourd'hui me justifier par une prolixité excessive. Vous attendiez de moi, à ce que je vois, l'indication de celles d'entre vos opinions qui ont paru à vos lecteurs tendre au renversement de la piété. Je vais vous dire ce qui les a surtout embarrassés. Vous établissez, à ce qu'il semble, une nécessité fatale de toutes les actions et de toutes choses. Or, à leur avis, si ce point est une fois accordé, toute loi, toute vertu, toute religion sont coupées à leur racine; toutes les récompenses et toutes les punitions sont vaines. En effet, ce qui impose une contrainte ou une nécessité est toujours un motif légitime d'excuse, et il suit de là que pas un seul homme ne sera inexcusable devant Dieu. Si nos actions dépendent du fatum, si toutes

---

[1] Quatrième des éditions.

choses sont poussées par la dure main du sort, suivant une voie déterminée et inévitable, où est la coulpe? où sont les peines? Qui déliera le nœud de cette difficulté? Voilà certes ce qu'on ne peut dire aisément. Je désire ardemment, Monsieur, savoir comment vous pourriez aider à la solution du problème.

Vous avez bien voulu me donner des éclaircissements au sujet des trois propositions que j'avais marquées; mais il reste encore plusieurs choses à expliquer. Premièrement, en quel sens prenez-vous pour synonymes et équivalents la foi aux miracles et l'ignorance, comme il semble que vous le faites dans votre dernière lettre? Lazare ressuscité d'entre les morts et la résurrection de Jésus-Christ ne surpassent-ils pas la force de la nature créée, et peuvent-ils être attribués à une autre puissance que celle de Dieu; et comment y aurait-il ignorance coupable à croire qu'une chose excède les limites d'une intelligence finie, enchaînée par de certaines bornes? Ne pensez-vous pas qu'il soit convenable à une intelligence et à une science créées de reconnaître dans un esprit incréé, dans la souveraine puissance, une science et une force capables de pénétrer et de produire des choses dont la raison et le comment échappent aux faibles humains? Nous sommes hommes, rien d'humain ne doit nous paraître étranger à notre nature. De plus, puisque vous déclarez que vous ne pouvez comprendre qu'un Dieu ait réellement revêtu la nature humaine, permettez que je vous demande comment vous entendez ces endroits de notre Évangile et de l'Épître aux Hébreux : le premier, qui affirme que le *Verbe s'est fait chair;* le second, que *le Fils de Dieu n'a pas été le libérateur des anges, mais celui des enfants d'Abraham?* Et toute l'économie de l'Évangile ne repose-t-elle pas sur ce que le Fils unique de Dieu, le λόγος (qui était Dieu et qui était en Dieu), s'est montré revêtu de la nature humaine, et par sa passion et sa mort a payé pour nous pécheurs la rançon de nos fautes, prix de sa rédemption? Je voudrais savoir de vous ce qu'il faut penser de ces passages et autres semblables, si l'on veut conserver à l'Évangile et à la religion chrétienne, dont je crois que vous êtes l'ami, leur caractère de vérité.

J'avais le projet de vous écrire plus longuement, mais je suis interrompu par la visite de quelques amis envers qui je me reprocherais de manquer de politesse. Aussi bien ce que j'ai déjà jeté sur le papier va peut-être vous être un sujet d'ennui au milieu de vos méditations philosophiques. Adieu donc, et croyez-moi pour la vie le zélé admirateur de votre érudition et de votre science.

Londres, 16 décembre 1675.

LETTRE IIIe (V^e DES ÉDITIONS).

Réponse à la précédente. A monsieur Henri Oldenburg, B. de Spinoza.

Monsieur,

Je vois enfin quelle est cette doctrine que vous me demandiez de tenir secrète ; mais comme elle est le fondement du traité que j'avais dessein de publier, je suis disposé à vous expliquer sous quel point de vue j'admets la nécessité de toutes choses et la fatalité des actions. Car je suis loin de soumettre Dieu en aucune façon au fatum ; seulement je conçois que toutes choses résultent de la nature de Dieu (1) avec une nécessité inévitable, de la même façon

(1) Ces paroles doivent s'expliquer ainsi : A savoir que le monde n'a pu être produit autrement, parce que Dieu ne peut pas ne pas agir avec une souveraine perfection. Étant le plus sage, il choisit le meilleur. Mais il ne faut pas croire que tout découle de la nature de Dieu sans aucune intervention de la volonté. L'exemple tiré de l'opération par laquelle Dieu se comprend lui-même ne me paraît pas heureux, parce que cet acte a lieu en deçà de l'intervention de la volonté. (Leibniz.)

que tout le monde conçoit qu'il résulte de la nature de Dieu que Dieu ait l'intelligence de soi-même. Assurément, il n'est personne qui conteste que cela ne résulte en effet de l'essence de Dieu ; et cependant personne n'entend par là soumettre Dieu au fatum ; et tout le monde croit que Dieu se comprend soi-même avec une parfaite liberté, quoique nécessairement. J'ajoute que cette inévitable nécessité des choses n'ôte rien à la perfection de Dieu ni à la dignité de l'homme ; car les préceptes moraux, soit qu'ils prennent la forme d'une loi ou d'un droit émané de Dieu même, soit qu'ils ne la prennent pas, n'en sont pas moins des préceptes divins et salutaires ; et, quant aux biens qui résultent de la vertu et de l'amour de Dieu, soit que nous les recevions des mains d'un Dieu qui nous juge, soit qu'ils *émanent* (1) de la nécessité de la nature divine, en sont-ils, dans l'un ou l'autre cas, moins désirables ? Et de même, les maux qui résultent des actions ou des passions mauvaises sont-ils moins à craindre parce qu'ils en résultent nécessairement ? En un mot, que nos actions s'accomplissent sous la loi de la nécessité ou sous celle de

(1) Si tout *émane* de la nature divine avec une sorte de nécessité, et que tous les possibles existent, les bons et les méchants seront traités aussi mal, et vous ruinez la *philosophie morale*. (LEIBNIZ.)

la contingence, n'est-ce pas toujours l'espérance et la crainte qui nous conduisent?

Les hommes ne sont inexcusables (1) devant Dieu par aucune autre raison sinon qu'ils sont en la puissance de Dieu comme l'argile en celle du potier, qui tire de la même matière des vases destinés à un noble usage et d'autres à un usage vulgaire. Veuillez, Monsieur, méditer un peu ces pensées, et je m'assure, par l'expérience que j'en ai faite avec plusieurs personnes, que vous trouverez sans difficulté de quoi répondre aux objections vulgaires.

J'ai considéré la foi aux miracles et l'ignorance comme choses équivalentes (2), par la raison que

---

(1) L'auteur a essayé d'expliquer ce passage dans la lettre suivante sur laquelle je ferai quelques remarques.

(2) Si nous concevons les miracles de telle sorte que Dieu y mette la main, comme l'artisan à l'automate qui sans cela irait tout de travers, j'avoue que les miracles ne sont conformes ni à la sagesse, ni à la nature divine. Mais si nous croyons que toutes choses ont été ordonnées d'avance, en sorte que dans de certains temps par un concours singulier de causes il arrive des choses admirables; j'estime que les miracles peuvent se concilier avec la philosophie, si toutefois nous entendons par miracles, non pas ce qui est au-dessus de la nature des choses, mais ce qui est au-dessus de la nature des corps sensibles. Car je ne vois pas ce qui empêche que par le ministère d'esprits plus puissants que les nôtres, bien que revêtus d'un corps, il n'arrive du merveilleux : et je ne vois pas non plus ce qui peut empêcher de prendre au pied de la lettre la résurrection du Christ et son ascension. (LEIBNIZ.)

ceux qui prétendent établir l'existence de Dieu et la religion sur les miracles prouvent une chose obscure par une chose plus obscure encore et qu'ils ignorent au suprême degré ; de façon qu'ils inventent une espèce d'argumentation jusqu'à présent inconnue, qui consiste à réduire son contradicteur, non pas à l'impossible, comme on dit, mais à l'ignorance. Du reste, je crois avoir expliqué assez clairement, si je ne me trompe, mon sentiment sur les miracles, dans le Traité théologico-politique. Je n'ajouterai donc qu'un mot. Veuillez remarquer, Monsieur, que Jésus-Christ n'est point apparu, après sa mort, au sénat, ni à Pilate, ni à aucun infidèle, mais seulement aux saints ; considérez aussi que Dieu n'a ni côté droit ni côté gauche ; qu'il n'est point dans un certain lieu, mais qu'il est présent en tout lieu par son essence ; que la matière est partout la même ; que Dieu ne se manifeste point hors du monde dans ces espaces fantastiques qu'on imagine ; enfin que le corps humain est retenu en des limites déterminées par le seul poids de l'air (1) ; et, si vous pesez toutes ces choses ensemble, vous reconnaîtrez qu'il

---

(1) Le corps humain peut devenir d'une subtilité et d'une perfection telles que ni le feu, ni la terre, ni les autres corps sensibles ne puissent ni le détruire, ni l'arrêter. (LEIBNIZ.)

en a été de l'apparition de Jésus-Christ à ses apôtres à peu près comme de celle de Dieu à Abraham quand celui-ci vit deux hommes et les invita à dîner (1). Vous me direz que tous les apôtres ont cru à la résurrection et à l'ascension réelle de Jésus-Christ ; et je suis très-loin de le nier. Mais Abraham crut aussi que Dieu avait dîné chez lui, et tous les Israélites furent convaincus que Dieu était descendu sur le mont Sinaï dans une enveloppe de feu et leur avait directement parlé ; bien que toutes ces apparitions, toutes ces révélations ne soient que des moyens que Dieu a employés pour se mettre à la portée de l'intelligence et des opinions des hommes et leur faire connaître ses volontés. Je conclus donc que la résurrection de Jésus-Christ d'entre les morts est au fond une résurrection toute spirituelle, *révélée* (2) aux seuls fidèles selon la portée de leur esprit ; par où j'entends que Jésus-Christ fut appelé de la vie à l'é-

---

(1) Je ne saisis pas bien le rapport de ces deux apparitions, car Dieu apparut à Abraham et aux Israélites, sous une forme empruntée, à savoir, la forme humaine ; mais le Christ apparut après sa mort aux apôtres sous une forme qui était bien la sienne. (Leibniz.)

(2) Alors c'était un rêve ou une vaine apparence offerte aux esprits frappés d'hommes éveillés. Mais cela est bien peu vraisemblable et démenti d'ailleurs par le nombre et la simultanéité de ceux qui ressentirent l'apparition. (*Idem.*)

ternité, et qu'après sa passion il s'éleva du sein des morts (en prenant ce mot dans le même sens où Jésus-Christ a dit : *Laissez les morts ensevelir leurs morts*), comme il s'était élevé par sa vie et par sa mort en donnant l'exemple d'une sainteté sans égale. Dans ce même sens, il ressuscite ses disciples d'entre les morts, en tant qu'ils suivent *l'exemple* (1) de sa mort et de sa vie. Et je ne crois pas qu'il fût difficile d'expliquer toute la doctrine de l'Évangile à l'aide de cette hypothèse (2). — J'irai plus loin : il n'y a, selon moi, que ce système qui puisse donner un sens au chap. xv de l'Épître I aux Corinthiens, et faire comprendre les arguments de Paul, qui dans le système communément reçu paraissent bien faibles et bien aisés à

---

(1) Ainsi la résurrection des morts n'aura été qu'une métaphore, ou, si vous aimez mieux, une allégorie (car l'allégorie n'est qu'une métaphore continuée). C'est du reste ce qu'avance Spinoza. Je l'approuverais, s'il y avait la moindre nécessité de recourir à ces moyens, mais je n'en vois aucune. (LEIBNIZ.)

(2) A quoi bon ? L'auteur avoue lui-même que les apôtres ont compris ces choses d'une tout autre manière, c'est-à-dire au sens littéral. Il est donc parfaitement inutile de leur prêter un sens métaphorique, à moins de prétendre que les apôtres écrivant sous une inspiration divine, n'entendaient pas le sens des mots que cet esprit supérieur leur dictait. Mais je doute que l'auteur du traité théologico-politique eût admis cette interprétation : car alors il serait forcé d'admettre le miracle dans la rédaction des livres apostoliques. (*Idem.*)

réfuter. Et je ne veux même pas insister ici sur ce que les chrétiens ont pris au sens spirituel tout ce que les Juifs entendaient charnellement.

Je reconnais avec vous, Monsieur, la faiblesse humaine (1); mais permettez-moi de vous demander si nous avons, nous faibles mortels, une connaissance de la nature assez grande pour être en état de déterminer jusqu'où s'étend sa force et sa puissance, et ce qui la surpasse? Et, s'il n'est permis à personne d'élever sans arrogance une telle prétention, ce n'est donc pas manquer à la modestie que d'expliquer, autant que possible, les miracles par des causes naturelles; et quant à ceux qu'on n'est pas en état d'expliquer et dont il est également impossible de prouver l'absurdité, il me semble convenable de suspendre son jugement à leur égard, et de donner ainsi pour unique base à la religion la sagesse de sa doctrine (2). Ne

---

(1) Pas à ce point, toutefois, de faire disparaître la réalité. Pour prendre un exemple, les Juifs ont cru que le Messie les délivrerait des maux corporels. Les Chrétiens, au contraire, étaient dans la persuasion qu'il devait éclairer les esprits. Les uns et les autres s'accordent en ce point, que le Messie est un homme réel, et non une apparence mensongère ou allégorique. (Leibniz.)

(2) Le sens de ces mots est, probablement, que la religion du Christ doit se prouver non par des miracles, mais par la supériorité et la sainteté de la doctrine. L'auteur avouera cependant que, si l'on pouvait prouver les miracles, il en faudrait bien tenir quelque

croyez pas, Monsieur, que les passages de l'Évangile de Jean et de l'Épître aux Hébreux que vous me citez, soient contraires à mes sentiments ; ce qui vous le persuade, c'est que vous appliquez à des expressions orientales une mesure prise dans nos façons de parler européennes. Mais soyez sûr que, tout en écrivant son Évangile en grec, Jean *hébraïse* cependant. Quoi qu'il en soit, d'ailleurs, est-ce que vous croyez, quand l'Écriture dit que Dieu s'est manifesté dans la nue, ou qu'il a habité dans le tabernacle ou dans le temple, que Dieu s'est revêtu de la nature de la nue, de celle du temple ou du tabernacle ? Or, Jésus-Christ ne dit rien de plus de soi-même : il dit qu'il est le temple de Dieu (1), entendant par là, je le répète encore une fois, que Dieu s'est surtout manifesté dans Jésus-

compte et ne pas négliger un si magnifique témoignage de la Providence, d'abord, parce qu'il est d'un sage de connaître et d'admirer les desseins et les œuvres de Dieu ; puis aussi, parce que le vulgaire, et en général tous ceux qui ne possèdent pas la vraie philosophie se laissent plus aisément convaincre par les miracles.

(1) Notre auteur me paraît professer une vénération particulière pour le Christ. Il n'ira donc pas aisément, je pense, jusqu'à affirmer que le Christ a dit quelque chose contre sa conscience et dans le but de tromper ses disciples. Or, il a dit qu'il ressusciterait le troisième jour, et qu'il viendrait sur les nuées du ciel. Il faudrait donc admettre que le Christ est tombé dans des erreurs grossières et vraiment honteuses. Cela est tout à fait indigne de la sagesse qu'attestent ses magnifiques évangiles. (Leibniz.)

Christ. Et c'est ce que Jean a voulu exprimer avec plus de force encore par ces paroles : *Le Verbe s'est fait chair*. Mais je n'insiste pas davantage.

LETTRE IVe (VIe DES ÉDITIONS).

A monsieur B. de Spinoza, Henri Oldenburg.

Εὖ πράττειν.

Vous avez mis le doigt sur le vrai motif pour lequel je vous ai engagé à tenir secrète cette doctrine de la fatalité et de la nécessité de toutes choses. J'ai craint, en effet, que la pratique de la vertu n'en reçût quelque atteinte, et que les peines et les récompenses de l'autre vie ne vinssent à tomber dans le décri. Les explications que vous donnez dans votre dernière lettre ne semblent pas ôter la difficulté ni suffire à tranquilliser les âmes; car enfin, si dans toutes nos actions, tant morales que physiques, nous sommes en la puissance de Dieu comme l'argile dans les mains du potier, de quel front, je le demande, pourrait-on accuser un homme, quel qu'il soit, d'avoir agi de telle ou telle manière, quand il lui a été absolument impossible d'agir autrement? N'aurions-nous pas le droit de nous élever tous contre Dieu d'une commune voix et de lui dire : C'est votre inflexible destin, c'est votre puissance irrésistible qui nous a contraints d'agir de la sorte, sans que nous ayons pu faire autrement; pourquoi donc et de quel droit nous condamner à des châtiments terribles, que nous étions hors d'état d'éviter, puisque c'est vous qui faites toutes choses selon votre caprice et votre bon plaisir, en vertu d'une nécessité suprême? — Vous dites que, si les hommes sont inexcusables devant Dieu, c'est uniquement parce qu'ils sont en sa puissance. Mais je retourne l'argument contre vous, et je dis, avec plus de raison que vous, ce me semble, que si les hommes sont en la puissance de Dieu, c'est pour cela même qu'ils sont tous complétement excusables. Qui ne voit, en effet, que l'homme peut dire à Dieu : Votre puissance, ô Dieu, est insurmontable; je n'ai donc pu agir autrement, et mon action est justifiée!

J'arrive à votre sentiment que les miracles et l'ignorance sont choses équivalentes, où il me semble que vous imposez les mêmes limites à la science des hommes (les plus habiles, il est vrai) et à la puissance de Dieu. Comme si Dieu ne pouvait rien faire ni rien produire dont les hommes ne soient capables de rendre raison en y appliquant les forces de leur génie. Et, pour ne parler que de Jésus-Christ, je trouve que le récit de sa passion, de sa mort, de son ensevelissement, de sa résurrection, est tracé avec des couleurs si naturelles et si vives, que j'ose en appeler ici à votre conscience, et vous demander, à vous qui admettez l'autorité de l'histoire, s'il faut prendre ce récit à la lettre ou n'y voir qu'une allégorie? Quant à moi, il me paraît que toutes les circonstances de cet événement, si clairement consignées par les évangélistes, ne permettent pas de prendre leur récit dans un autre sens que le sens littéral. Veuillez, Monsieur, lire avec indulgence ces quelques réflexions et y répondre avec la franchise d'un ami. M. Boyle vous réitère ses compliments. Je compte vous dire par un prochain courrier où en sont les affaires de la Société royale. Adieu. Aimez-moi toujours.

Londres, 14 juin 1676,

LETTRE V^e (VIIe DES ÉDITIONS).

Réponse à la précédente. A monsieur Henri Oldenburg, B. de Spinoza.

Monsieur,

Quand j'ai dit dans ma dernière lettre que ce qui nous rend inexcusables, c'est que nous sommes en la puissance de Dieu comme l'argile entre les mains du potier, j'entendais par là que nul ne peut accuser Dieu de lui avoir donné une nature infirme ou une âme impuissante. Et, de même qu'il serait absurde que le cercle se plaignît de ce que Dieu lui a refusé les propriétés de la sphère, ou l'enfant qui souffre de la pierre, de ce qu'il ne lui a pas donné un corps bien constitué ; de même un homme dont l'âme est impuissante ne peut être reçu à se plaindre, soit de n'avoir pas eu en partage et la force, et la vraie connaissance, et l'amour de Dieu, soit d'être né avec une constitution tellement faible qu'il est incapable de modérer et de contenir ses passions. En effet, rien n'est compris dans la nature de chaque chose que ce qui résulte nécessairement de la cause qui la produit. Or, qu'un certain homme ait une âme forte, c'est ce qui n'est point compris dans sa nature; et personne ne peut contester, à moins de nier l'expérience et la raison, qu'il ne dépend pas plus de nous d'avoir un corps vigoureux que de posséder une âme saine. Vous insistez et vous dites : Si les hommes tombent dans le péché par la nécessité de la nature, ils sont donc toujours excusables (1). Mais vous n'expliquez point quelle conclusion précise vous voulez tirer de là. Voulez-vous dire que Dieu ne peut s'irriter contre nous, ou bien que tous les hommes sont dignes de la béatitude, c'est-à-dire de la connaissance et de l'amour de Dieu? Dans le premier cas, j'accorde parfaitement que Dieu ne s'irrite en aucune façon, et que tout arrive suivant ses décrets (2); mais je nie qu'il résulte de là que tous les hommes doivent être heureux ; car les hommes peuvent être excusables, et cepen-

---

(1) Est excusable celui qui ne mérite pas le châtiment, mais ceux qui sont faibles d'esprit (1) peuvent fort bien encourir une peine, et, en général, tous ceux qui étaient maîtres de ne pas mal agir s'ils l'avaient voulu. Il ne s'agit pas ici de savoir, s'il était en leur pouvoir de vouloir : l'intention manifeste du crime suffit pour punir le coupable. (Leibniz.)

(2) Lorsque nous disons que Dieu est irrité, nous entendons qu'il fait des actes de colère, c'est-à-dire qu'il punit, bien qu'il ne soit pas, comme les hommes, sujet à se repentir. (*Idem.*)

(1) *Qui impotenti sunt animo* : expression latine que M. Saisset traduit par ces mots : *ceux dont l'âme est impuissante*. C'est un nouvel exemple de cet art d'atténuer les expressions de Spinoza, dans lequel excelle M. Saisset.

dant être privés de la béatitude et souffrir de mille façons (1). Un cheval est excusable d'être un cheval, et non un homme; mais cela n'empêche pas qu'il ne doive être un cheval et non un homme. Celui à qui la morsure d'un chien donne la rage est assurément excusable, et cependant on a le droit de l'étouffer (2). De même, l'homme qui ne peut gouverner ses passions ni les contenir par crainte des lois, quoique excusable à cause de l'infirmité de sa nature, ne peut cependant jouir de la paix de l'âme ni de la connaissance et de l'amour de Dieu, et il est nécessaire qu'il périsse (3). Et je ne crois pas nécessaire d'avertir ici que l'Écriture, quand elle représente Dieu irrité contre les pécheurs, ou tel qu'un juge qui voit, pèse et estime à leur prix les actions des hommes; l'Écriture, dis-je, parle un langage humain et se proportionne aux opinions du vulgaire ; car son objet n'est pas d'enseigner la philosophie, et elle veut faire des hommes vertueux et non des savants.

(1) Il ne faut pas laisser passer cela sans prendre ses précautions. Il est croyable que la nature de Dieu ou la perfection des choses demande la félicité des âmes dont la volonté est droite. (*Id.*)

(2) Ce sont là des nécessités qui peuvent arriver parmi les hommes. Mais dans la meilleure des républiques, savoir le monde, les méchants seuls peuvent être souverainement malheureux. (*Id.*)

(3) Parce qu'il n'a pas une volonté droite et sincère. (*Id.*)

Je ne vois pas du tout comment j'impose les mêmes limites à la puissance de Dieu et à la science des hommes en considérant la foi aux miracles et l'ignorance comme choses équivalentes.

Du reste, je prends comme vous au sens littéral la passion, la mort et l'ensevelissement de Jésus-Christ; c'est seulement sa résurrection que j'interprète au sens allégorique (1). J'accorde aussi que cette résurrection est racontée par les évangélistes avec de telles circonstances qu'il est impossible de méconnaître qu'ils ont effectivement cru que le corps de Jésus-Christ était ressuscité et monté au ciel pour s'asseoir à la droite de Dieu, et je crois même que des infidèles auraient pu voir tout cela s'ils avaient été présents au même lieu où Jésus-Christ apparut à ses disciples; mais il n'en est pas moins vrai que les disciples de Jésus-Christ ont pu se tromper sans que la doctrine de l'Évangile en soit altérée; et c'est justement ce qui est arrivé à d'autres prophètes, comme je vous en ai donné la preuve dans ma précédente lettre. J'ajoute que Paul, à qui Jésus-Christ apparut aussi un peu plus tard, se glorifie d'avoir connu Jésus-Christ, non selon la chair, mais selon l'esprit (2).

(1) C'est une ironie. (Leibniz.)
(2) Je ne crois pas que Paul soit sur ce point en dissentiment

Adieu, Monsieur et respectable ami; croyez-moi tout à vous, avec zèle et de tout mon cœur.

Lettre de B. Spinoza à Albert van der Burg (1).

Monsieur,

Je ne pouvais croire ce qu'on me disait de vous; mais après la lettre que vous m'écrivez, il faut bien que je me rende, et je vois aujourd'hui non-seulement que vous êtes entré dans l'Église romaine, mais qu'elle a en vous un très-zélé défenseur, et que vous avez appris à son école à maudire vos adversaires et à vous déchaîner contre eux en mille violences. J'avais d'abord résolu de ne rien répondre à tout cela, convaincu que le temps, mieux que la raison, vous ramènerait à vous-même et à vos amis; sans parler d'autres motifs que je me souviens que vous approuviez jadis, quand nous nous entretenions de l'affaire de Stenon (ce qui ne vous empêche pas de suivre maintenant ses traces).

avec les autres apôtres, ni qu'il ait jamais pris la résurrection du Christ pour une allégorie. (Leibniz.)

(1) Les lettres *a*, *b*, *c*, etc., renvoient aux passages correspondants de la réfutation de Leibniz. Voir cette réfutation à la suite de cette lettre.

Mais quelques amis, qui ont partagé les espérances que je fondais sur votre excellent naturel, m'ayant instamment prié de ne pas manquer en cette rencontre aux devoirs de l'amitié, et de songer à ce que vous avez été plus qu'à ce que vous êtes, ces raisons et d'autres semblables m'ont déterminé à vous écrire ce peu de mots, que je vous prie de lire d'un esprit calme.

Je ne perdrai pas mon temps à vous peindre, comme font d'ordinaire les adversaires de l'Eglise romaine, les vices des prêtres et des pontifes, afin de vous donner pour eux des sentiments d'aversion : ces tableaux, inspirés le plus souvent par des passions mauvaises, sont plus faits pour irriter que pour instruire (*a*). J'accorderai même qu'il se rencontre dans l'Eglise romaine un plus grand nombre d'hommes de grande érudition et de mœurs irréprochables que dans aucune autre Eglise chrétienne : et cela est très-simple ; car, les membres de cette Eglise étant plus nombreux, il doit s'y trouver un plus grand nombre d'hommes de tel ou tel genre de vie, quel qu'il soit. En tout cas, une chose que vous ne pouvez nier, à moins qu'avec la raison vous n'ayez aussi perdu la mémoire, c'est que dans toutes les Eglises il y a un certain nombre de gens de bien qui honorent Dieu par la justice et par la charité. Nous connaissons de ces sortes de gens parmi les luthériens ; nous en connaissons parmi les réformés, les mennonites, les enthousiastes ; et, pour n'en citer qu'un petit nombre, vous n'êtes pas sans savoir que vos propres aïeux, au temps du duc d'Albe, souffrirent pour leur religion des tourments de toute espèce avec une constance et une liberté d'âme admirables. Il faut donc bien que vous accordiez qu'une vie sainte n'est pas le privilége de l'Eglise romaine : elle peut se rencontrer dans toutes les Eglises. Et comme c'est par la sainteté de la vie que nous connaissons, pour parler avec l'apôtre Jean (Epît. I, ch. iv, vers. 13), que nous demeurons en Dieu et que Dieu demeure en nous, il s'ensuit que ce qui distingue l'Eglise romaine de toutes les autres est entièrement superflu, et par conséquent est l'ouvrage de la seule superstition. Oui, je le répète avec Jean, c'est la justice et la charité qui sont le signe le plus certain, le signe unique de la vraie foi catholique (*b*) : la justice et la charité, voilà les véritables fruits du Saint-Esprit. Partout où elles se rencontrent, là est le Christ ; et le Christ ne peut pas être là où elles ne sont plus, car l'esprit du Christ peut seul nous donner l'amour de la justice et de la charité. Croyez, Monsieur, que si vous aviez pesé ces pensées au dedans de vous-même, vous ne vous seriez point perdu et vous n'auriez point causé la peine la plus vive à vos parents qui gémissent aujourd'hui sur votre sort.

(c) Mais je reviens à votre lettre, où vous commencez par déplorer que je me laisse prendre aux séductions du prince des esprits rebelles. Sur quoi je vous prie de vous tranquilliser et de revenir à vous-même. Du temps que vous aviez l'esprit libre, vous adoriez, si je ne me trompe, un Dieu infini, par qui tout se fait et se conserve. Quel est donc cet ennemi de Dieu que rêve aujourd'hui votre imagination, prince fantastique qui agit contre la volonté de Dieu pour séduire et tromper la plupart des hommes (car les hommes de bien sont rares), artisan du mal à qui Dieu livre les hommes pour les tourmenter éternellement? Mais comment voulez-vous que la justice divine permette que le diable trompe impunément les hommes, et que les hommes soient punis pour avoir été les tristes victimes de ses séductions?

Toutes ces énormités seraient tolérables encore si vous adoriez un Dieu infini et éternel. Mais non : votre Dieu, c'est celui que Chastillon, à Tienen, donna impunément à manger à ses chevaux. (d) Et c'est vous qui déplorez mon aveuglement! c'est vous qui ne voyez que chimères dans ma philosophie, dont vous ne savez pas le premier mot! Vous avez donc entièrement perdu le sens, bon jeune homme? Et il faut que votre esprit ait été fasciné, puisque vous croyez maintenant que le Dieu suprême et éternel devient la pâture de votre corps et séjourne dans vos entrailles.

Vous semblez pourtant vouloir user encore de votre raison, et vous me demandez comment je sais que ma philosophie est la meilleure entre celles qu'on a autrefois professées dans le monde, qu'on y professe encore, et qu'on y professera un jour. C'est une question que je puis vous faire à mon tour et avec beaucoup plus de raison, car je ne me flatte point d'avoir trouvé la meilleure philosophie, je sais seulement que je comprends la vraie. (*e*) Vous me demanderez comment je sais cela. Je réponds que je le sais de la même façon que vous savez vous-même que les trois angles d'un triangle sont égaux à deux droits. Et tout le monde reconnaîtra le droit que j'ai de répondre de la sorte, excepté les cerveaux malades qui rêvent de certains esprits immondes dont la fonction consiste à nous donner des idées fausses qui ressemblent tout à fait aux vraies. Ce sont là des visions, et le vrai est à soi-même sa propre marque et la marque du faux.

Mais vous, qui croyez avoir trouvé la meilleure des religions ou plutôt les meilleurs des hommes, et qui leur avez livré votre foi crédule, je vous demanderai à mon tour comment vous savez que ces hommes sont en effet les meilleurs entre tous ceux qui ont enseigné, qui enseignent et qui enseigneront d'autres religions ? Avez-vous examiné toutes ces religions, tant anciennes que nouvelles, celles de nos contrées, celles de l'Inde, enfin celles de tout l'univers ? Et alors même que vous les auriez examinées scrupuleusement, qu'est-ce qui vous assure que vous avez choisi la meilleure ? Car enfin, vous ne pouvez donner aucune raison de votre foi. Vous direz sans doute que vous vous reposez dans le témoignage intérieur de l'Esprit de Dieu, tandis que ceux qui ne pensent pas comme vous sont séduits et trompés par le prince des esprits rebelles. Mais tous ceux qui ne sont pas de l'Eglise romaine diront de leur Eglise ce que vous dites de la vôtre, et ils auront tout autant de droit que vous.

Vous parlez du consentement unanime de tant de milliers d'hommes, de la succession non interrompue de l'Eglise. Mais tout cela, c'est le propre langage des Pharisiens (*f*). Ils produisent, avec une confiance égale à celle des croyants de l'Eglise romaine, des myriades de témoins qui n'ont pas une fermeté moins opiniâtre que les vôtres, et qui rapportent, comme s'ils les avaient vues, des choses qu'ils ont entendu dire. Ajoutez que les Pharisiens font remonter leur origine jusqu'à Adam. Ils vantent, eux aussi, avec une arrogance que l'Église romaine ne surpasse pas, la solidité immuable de leur Eglise qui s'est propagée jusqu'à ce jour, malgré l'hostilité commune des chrétiens et des gentils. Plus que tous les autres, ils se défendent par leur antiquité, c'est de Dieu même qu'ils ont reçu leurs traditions. Eux seuls conservent la parole de Dieu, écrite et non écrite. Voilà ce qu'ils proclament d'une seule voix. Et en effet, personne ne peut nier que toutes les hérésies ne soient sorties de leur sein, et que les Pharisiens ne soient restés fidèles à eux-mêmes pendant plusieurs milliers d'années, sans aucune contrainte et par la seule force de la superstition. Je ne parle pas de leurs miracles : mille personnes, et je les suppose bavardes, se fatigueraient à les raconter. Mais ce dont ils s'enorgueillissent de préférence, ce sont leurs martyrs. Ils en comptent plus que toute autre nation, et chaque jour augmente le nombre de ceux de leurs frères qui savent souffrir pour leur foi avec une force d'âme singulière. Ici je suis moi-même témoin de leur sincérité : j'ai vu entre beaucoup d'autres un certain

Juda, qu'ils nomment le Fidèle, qui, élevant la voix du sein des flammes où on le croyait déjà consumé, entonna l'hymne *Tibi, Deus, animam meam offero,* et n'interrompit ce chant que pour rendre le dernier soupir.

Vous exaltez la discipline de l'Eglise romaine ; j'avoue qu'elle est d'une profonde politique, et profitable à un grand nombre, et je dirais même que je n'en connais pas de mieux établie pour tromper le peuple et enchaîner l'esprit des hommes, s'il n'y avait l'Eglise mahométane, qui surpasse de beaucoup la romaine à cet égard.

Vous voyez, Monsieur, qu'au bout du compte, le seul de vos arguments qui soit pour les chrétiens, c'est le troisième, qui repose sur ce que des hommes sans lettres et de condition basse sont parvenus à convertir presque tout l'univers à la foi du Christ. Mais remarquez que cette raison ne vaut pas seulement pour l'Eglise romaine ; elle vaut pour toutes les Eglises qui reconnaissent Jésus-Christ.

Je suppose maintenant que toutes vos raisons soient en faveur de la seule Eglise romaine. Croyez-vous avoir pour cela démontré mathématiquement l'autorité de cette Eglise ? Certes, il s'en faut infiniment. Pourquoi voulez-vous donc que je croie que mes démonstrations m'ont été inspirées par le prince des esprits méchants, et non par Dieu ! J'ajoute que votre lettre me fait voir clairement que si vous vous êtes donné corps et âme à l'Eglise romaine, ce n'est pas tant l'amour de Dieu qui vous y a porté que la crainte de l'enfer, ce principe unique de toute superstition. Hé quoi ! poussez-vous l'humilité jusqu'à ne plus croire à vous-même, pour ne croire qu'à d'autres hommes qui sont damnés, eux aussi, par un grand nombre de leurs semblables ? Est-il possible que vous me taxiez d'arrogance et de superbe parce que j'use de la raison, parce que je me confie à cette vraie parole de Dieu qui se fait entendre dans notre âme, et que rien ne peut corrompre ni altérer ? Au nom du ciel, chassez loin de vous cette déplorable superstition, reconnaissez la raison que Dieu vous a donnée, et attachez-vous à elle si vous ne voulez descendre au rang des brutes. Cessez d'appeler mystères d'absurdes erreurs, et de confondre, à la honte de votre raison, ce qui surpasse l'esprit de l'homme ou ne lui est pas connu encore, avec des croyances dont l'absurdité se démontre, avec ces horribles secrets de l'Eglise romaine, que vous jugez d'autant plus élevés au-dessus de l'intelligence qu'ils choquent plus ouvertement la droite raison.

Du reste (*g*), le principe fondamental du Traité

théologico-politique, savoir, que l'Ecriture ne doit être expliquée que par elle-même ; ce principe, que vous proclamez faux si témérairement et sans en donner aucune raison, je ne l'ai pas posé comme une hypothèse, mais établi sur une démonstration concluante et régulière ; vous la trouverez au chapitre VII, où j'ai aussi réfuté les objections de mes adversaires, et à la fin du chapitre XV. Je m'assure, Monsieur, que si vous vous rendez attentif à ces passages, et si vous prenez la peine de méditer l'histoire de l'Eglise (que je vois que vous ignorez complétement), quand vous reconnaîtrez combien de faussetés les historiens ecclésiastiques nous débitent, et par quelle suite d'événements et d'artifices le pontife de Rome a mis la main, six cents ans après Jésus-Christ, sur le gouvernement de l'Eglise, je m'assure, dis-je, que vous viendrez à résipiscence. C'est ce que je vous souhaite de tout mon cœur. Adieu.

Lettre de Leibniz en réponse à celle de Spinoza (1).

MONSEIGNEUR,

Voicy une lettre de Spinoza, dont j'ay parlé à V. A. S., dans laquelle il répond à une autre

(1) Les lettres *a*, *b*, *c*, etc., renvoient aux passages de Spinoza, qu'il réfute.

lettre de Monsieur Van der Burg, Hollandais, lequel ayant changé de religion à Florence avait voulu justifier ce qu'il avait fait, et le solliciter d'en faire autant. Comme je n'ay pas veu celle du sieur Van der Burg, je n'en scay que dire; il semble pourtant que ses raisons n'estoient pas des plus convainquantes. Neantmoins, pour dire mon sentiment avec franchise, les reponses et les objections de Spinoza ne me contentent pas non plus, quoyqu'il s'explique avec beaucoup de netteté.

(*a*) Je passe la préface de cette réponse et j'approuve fort la profession qu'il fait de ne se pas attacher aux reproches ou avantages personels, car il y a de part et d'autres et des vrays devots et des mechans, des habiles gens, et des stupides. — (*b*) Il est vray que la justice et la charité sont les véritables marques de l'opération du Saint-Esprit; mais je croy que ceux que Dieu a doués de cette grace ne mepriseront pas pour cela les commandements particuliers de Dieu, les sacremens ny autres ceremonies et loix positives divines et humaines. Ils n'accorderont pas incontinent pour cela à Monsieur Spinoza, que tout ce que la raison ne dicte pas doit passer pour superstition. *Superfluum,* dit-il, *et consequenter ex sola superstitione institutum.*

Il n'est pas toujours à nous de juger de ce qui est superflu ou nécessaire. Nous n'entendons pas toute la conduite de l'univers; Dieu peut avoir des raisons à nous inconnues, et je ne voye rien qui l'empêche de faire naistre dans le monde une espèce de république dont il soit le chef pourveu de certains commandemens ou loix positives, outre celles de la justice et de la charité que la raison naturelle dicte. Je ne scay pas même si cela n'est pas conforme à la beauté des choses et à l'ordre de la providence. Du moins n'y voys-je rien de contraire à la raison; c'est pourquoy ceux même qui ont de la charité et de la justice sont obligez à proportion de leur loisir et de leur talent de s'informer, s'il y a quelque chose de vray et de solide dans ces revelations ou religions qui font tant de bruit dans le monde, puisque ces mêmes revelations asseurent que Dieu ne refuse pas sa grâce à ceux qui font leur possible de leur costé. Aussi est-ce bien raisonnable. Voici ce qu'il ma paru necessaire de dire a l'egard de l'opinion de ceux qui *reduisent* le sentiment de religion à la seule morale et qui disent qu'il ne faut pas se mettre en peine de toutes les revelations prétendues, ce qui est ce me semble le fondement de la lettre de M. Spinoza. Au lieu qu'il semble a moy quil est un peu plus *imperieux* de s'informer de la vérité des revelations et apparitions et de decouvrir s'il y a quelque puissance superieure pourveue d'entendement et de volonté, qui se mele de nos affaires, que de *scavoir* sil y a un vuide ou s'il y a quelque matière ethereenne qui remplit l'espace dont on a tiré l'air.

(*c*) Je passe outre. Le sieur Van de Burg avait temoigné quelque compassion de ce que Spinoza, disait-il, se laissait mener par le prince des malheureux esprits. Spinoza là dessus le raille en passant et luy objecte que ce Dieu est donc bien faible, qui souffre tout le tort que lui fait son ennemi, et qui punit plostot ceux qui ont esté trompés que le trompeur. Mais je ne m'y arreste pas, parcequ'il me semble que les reponses ordinaires des chrétiens a ces sortes d'objections ne sont pas absurdes.

(*d*) Je ne veux pas rapporter non plus ce quil dit des insolences que les soldats huguenots avaient exercées a la prise de Thienen ; parceque cela est un peu rude, outre qu'on scait bien que Dieu nest pas deshonoré par les hommes qui meprisent ce quil y a de plus sacré et que la divinité n'est pas l'objet d'une manducation orale.

(*e*) Ce qu'il dit de la certitude de la philosophie et des demonstrations est bon et incontestable ; et j'avoue que ceux qui nous demandent toujours d'où *scavez vous que vous ne vous trompez pas, puisque tant d'autres sont dans des sentimens différens*, se moquent de nous ou d'eux-mêmes, car c'est la même chose que si on repondait a mon argument : *d'où savez vous que vostre conclusion est vraye* sans vouloir examiner mes promesses. Ce sont ordinairement des gens qui se sont plustot servi de leur imagination que de leur raison, et qui n'ont jamais rien compris par demonstration, mais seulement par experience ou opinion. C'est pourquoy ils ne scauroient comprendre que d'autres puissent estre plus asseurés qu'eux ; mais il n'y a point d'autre moyen de les guerir que de les renvoyer à Euclide ou Archimède, afin d'apprendre que la source de la certitude de la geometrie n'est pas dans les figures mais dans les idées abstraites des choses incorporelles : et, que par conséquent, il y a de la certitude dans des matières même où les figures n'ont pas lieu. Mais j'avoue que c'est *surdis fabulam narrare,* ou entretenir un aveugle de la beauté de la lumiere, que de parler de cela à des gens qui n'ont pas médité et qui ne connaissent pas la force de la vérité comme sont d'ordinaire ceux qui font ces sortes d'objections et de demandes generales.

Le parallèle qu'il fait entre les avantages pretendus de l'Eglise judaique et de la romaine (*f*), merite qu'on y fasse reflexion; j'avoue neanmoins quil y a de la difference en ce meme dont il est question. Car l'Eglise judaique ne se vante pas d'avoir la promesse et l'infaillibilite; au contraire, leurs propheties s'accordent avec les nostres. Car il leur a ésté predit qu'ils seraient dispersés et pour ainsi dire disgracies, et s'il leur a ésté predit aussi qu'ils seront un jour reunis, nous ne nous y opposons pas, puisque ce sera (selon ceux d'entre nous qui le croyent) par leur conversion à la foi de ce Messie que nous croyons estre venu il y a longtemps suivant leurs propres propheties. Et comme cette conservation, succession, perseverance des Juifs semble rendre temoignage a nos sentimens, je ne voy pas qu'on les puisse opposer a l'Eglise romaine. Cependant j'avoue que l'Eglise judaique a cela de considérable que les Chretiens et les mahometans sont obligés d'avouer que l'Eglise judaique a esté un jour la veritable, et qu'ils sont obligés de rendre raison de leur separation, aussi bien que j'avoue que les protestants ou reformés sont obligés de rendre raison de leur separation d'avec l'Eglise romaine; et c'est aussi ce qu'ils ont pretendu de faire ou disent d'avoir fait il y a longtemps.

Au reste, quoiqu'on puisse dire de notre Eglise,

j'avoue que ce ne sont que des raisons vraisemblables quon ne doit pas opposer à des demonstrations. C'est pourquoi sil y a des demonstrations contraires, il faut se rendre a leur clarté, mais tandis qu'on nen voit pas, on se tiendra à ce qui parait le plus raisonnable. Je n'ai rien à dire à tout le reste jusqu'à l'endroit où il parle de ce fondement, pris du Traité theologico-politique (g), que l'Ecriture est l'interprete de l'Ecriture, c'est-à-dire que ny l'Eglise ny la raison n'est pas cet interprete : non pas l'Eglise, parce quil n'en reconnaist pas l'infaillibilité, et la raison non plus, parce qu'il s'imagine que les auteurs des livres sacrés ont esté souvent dans des erreurs et que par consequent celuy qui les voudrait expliquer suivant la veritable philosophie n'entendrait pas bien leurs veritables sentiments. Voila le fondement du livre de M. Spinoza ; mais pour l'examiner il faudrait entrer dans un detail dont on n'a pas besoin icy, et qui demande une application toute particuliere.

Leibniz.

FIN.

www.ingramcontent.com/pod-product-compliance
Lightning Source LLC
Chambersburg PA
CBHW070756170426
43200CB00007B/806